CÓMO ADMINISTRAR LA VIDA PARA MUJERES OCUPADAS

ELIZABETH GEORGE

Publicado por
Unilit
Medley FL 33166

© 2003 Editorial Unilit (Spanish translation)
Primera edición 2003
Primera edición 2015 (Serie Favoritos)

© 2002 por Elizabeth George
Originalmente publicado en inglés con el título:
Life Management for Busy Women
por Elizabeth George.
Publicado por Harvest House Publishers
Eugene, Oregon 97402
www.harvesthousepublishers.com
Todos los derechos reservados.

Traducción: *Cecilia Romanenghi de De Francesco*
Diseño de la cubierta: *Ximena Urra*
Fotografía: © 2015 Denizo71. Usada con permiso de Shutterstock.com.

Producto 497003 • ISBN 0-7899-2228-2 • ISBN 978-0-7899-2228-1

Impreso en Colombia
Printed in Colombia

Categoría: Vida cristiana /Vida práctica /Mujeres
Category: Christian Living /Practical Life /Women

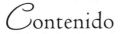

Contenido

Una invitación a... una vida de pasión y propósito 5

Primera parte: El meollo de la cuestión

1 El desarrollo de una pasión por la Palabra de Dios 9
2 Diez disciplinas para desarrollar
   una pasión por la Palabra de Dios 21
3 El desarrollo de una pasión por la oración 35

Segunda parte: El cuidado del templo de Dios

4 Las normas de Dios para tu cuerpo 49
5 Diez disciplinas para la administración
   de tu cuerpo (Primera parte) 59
6 Diez disciplinas para la administración
   de tu cuerpo (Segunda parte) 71

Tercera parte: La creación de un cielo en la tierra

Una palabra de testimonio 83
7 La administración de tu matrimonio 87
8 La administración de tus hijos 97
9 La administración de tu hogar 107

Cuarta parte: El cuidado de los negocios

10 Las normas de Dios para tu dinero 119
11 Diez disciplinas para la administración
    de tu dinero 131

Quinta parte: La amistad

12 Las normas de Dios para tus amistades 145
13 Diez disciplinas para administrar tus amistades 159

Sexta parte: Presta atención a tu mente

14 Las normas de Dios para tu mente 177
15 Diez disciplinas para administrar tu mente 187

Séptima parte: El servicio al Señor

16 Las normas de Dios para tu ministerio 201
17 Diez disciplinas para administrar tu ministerio 211

Octava parte: La administración de tu tiempo... y de tu vida

18 La administración de tu tiempo... y de tu vida 225
    Momentos de quietud 234
    Notas 237

$\mathcal{U}$na invitación a... una vida de pasión y propósito

¿Alguna vez te preguntaste cuál es el propósito de tu vida? ¿Alguna vez sentiste que la vida se amontona sobre ti sin darte tiempo a que te abras camino, que tus días están condenados antes del amanecer? ¿Sientes que nunca lo lograrías sola, que en la vida debe haber algo más que esto?

Pues bien, las dos podemos agradecer a Dios porque hay esperanza para nuestros corazones y respuestas para el clamor que sale de ellos. Dios fue el que creó nuestras vidas... y Él sabe *cuáles* son sus propósitos para nosotras y de *qué* forma desea que los vivamos. Quiere que los hagamos realidad. Por cierto, nuestros años, nuestros días y hasta nuestros minutos (!) le pertenecen.

Me hace muy feliz que Dios nos haya juntado a través de este libro. Al iniciar tú y yo, dos mujeres en exceso ocupadas, este libro acerca de la pasión por la administración de una vida con propósito y de algunas de las disciplinas que se necesitan para alimentarla, deseo hacer varias cosas. Deseo...

- Presentarte las normas de Dios para siete esferas muy importantes de la vida de una mujer.

- Dirigirte hacia las disciplinas específicas que te ayudarán a administrar cada una de estas siete esferas importantes de tu vida.

- Enumerar un puñado de «cómos», de modo que logres avanzar de inmediato en la administración de tu tiempo y de tu vida.

- Señalarte la belleza, y el poder, de una vida que se desarrolla de acuerdo con los principios y los propósitos de Dios.

No existe ninguna duda de que los principios eternos que se expresan en este libro pueden esculpir y reformar tu vida. (Créeme, no solo encienden un fuego en mi alma, sino en el enfoque completo de cada día, ¡y en sus mil cuatrocientos cuarenta minutos!)

También te invito a que aproveches el suplemento de *Life Management for Busy Women Growth and Study Guide*. Este práctico libro te impulsará hacia delante por el camino en una mejor mayordomía de tu tiempo y de tu vida. Sus ejercicios prácticos te ayudarán a ti (y a otras que se puedan encontrar en un grupo de estudio) a seguir con fidelidad el proyecto de Dios para tu vida como mujer de Él... ¡una mujer que siente pasión de vivir para Él!

Mi deseo es que, al leer este libro, camines en sabiduría y aproveches al máximo tu tiempo y tu vida (Colosenses 4:5 y Efesios 5:15). Recordemos que la vida se vive de día en día... sin embargo, en ese día, vivimos para la eternidad.

Primera parte

El meollo de la cuestión

La administración de tu vida espiritual

Capítulo 1

El desarrollo de una pasión por la Palabra de Dios

*Pero los que esperan a Jehová
tendrán nuevas fuerzas;
levantarán alas como las águilas;
correrán, y no se cansarán;
caminarán, y no se fatigarán.*

ISAÍAS 40:31

Como mujer ocupada que eres, es probable que tu tendencia natural al escuchar el sonido del reloj despertador cada mañana sea pegar un salto y comenzar la carrera (¡eso hago yo!). Y a muchas mujeres, cada día también les impone que salgan a la calle en algún momento para dirigirse a sus empleos. Ante el temido sonido del reloj despertador (¡o de un bebé que llora!), muchas veces nos sentimos tentadas a expresar desde lo más profundo: «¡Ay, no! ¡Otro día más! ¡Tengo tanto que hacer!». Ese sonido estridente que proviene de tu despertador te recuerda (una vez más) que te enfrentas a una vida llena de responsabilidades.

Y si miramos un poquito más adentro de nuestros corazones, también nos encontramos con pensamientos como: «Nunca voy a llegar a hacer todo... ¡en especial si separo tiempo de esta agenda agitada para leer mi Biblia y orar!».

Sin embargo, querida mía, en nuestro caso, como mujeres ocupadas de Dios, debería ser justo al revés porque nuestro mismo Señor fue el que dijo: «*Sin* mí nada podéis hacer» (Juan 15:5).

Como el águila

La Biblia nos enseña que *con* Él podemos «[levantar] alas como las águilas» (Isaías 40:31). ¿Te imaginas... ¡remontarte por encima de tus apretados días como un águila!? Todas las mañanas, Jim (mi maravilloso esposo) y yo observamos y esperamos a que «nuestra» águila calva americana con su cabeza y su cola blanca, pase volando junto a nuestro hogar en Washington. Como no podía ser de otra manera, hoy a las 5:47 a.m. (tal como estaba planeado) pasó volando a la altura de los ojos, frente a la ventana donde nos sentamos cada día a escribir. La vista es tan magnífica que celebramos todas y cada una de las veces que nos honra con su presencia. La posibilidad de ver a esta águila me ha dado una ayuda visual de primera mano para entender la imagen que Isaías utiliza de fuerza y resistencia.

Gracias a que Jim y yo tenemos nuestra propia águila privada (o tal vez dos), he aprendido mucho más sobre estas aves. Por ejemplo, un águila...

... tiene una envergadura de ala de más de dos metros (¡qué majestuoso!)

... vuela más alto que casi todos los otros pájaros, más de tres mil metros de altura (¡qué impresionante!)

... se desliza con facilidad a más de setecientos metros de altitud (¡qué capacidad para elevarse por encima de las demandas y de las dificultades de la vida!)

... se traslada a doscientos cuarenta kilómetros por hora (¡qué capacidad para moverse con rapidez a lo largo de nuestro día de trabajo!) y

... es capaz de llevar objetos que tengan el mismo peso de su cuerpo (¡ninguna tarea es demasiado desalentadora!)

Con tanto esplendor disponible a nuestra imaginación resulta claro que, incluso con nuestra multitud de responsabilidades, debemos ser mujeres que esperen en el Señor. Cada nueva mañana, en lugar de mirar todas las ocupaciones de la vida, tú y yo debemos aprender a mirarlo a Él. Debemos darnos cuenta de que la administración de la *vida* es, en realidad, una administración *espiritual* de ella. Por lo tanto, debemos prestar atención a un puñado de disciplinas diarias que, con seguridad, encenderán en nosotras la pasión por el Señor y nos equiparán para llevar a cabo su plan cada día... ¡y toda la vida!

Tres pequeños pasos

Aquí tenemos un método de tres pequeños pasos que nos ayuda a inclinarnos primero a lo primero... por más ocupadas que estemos.

1. *El tiempo* es lo primero en la lista. El tiempo que pasamos mirando al Señor a través de su Palabra, siempre es tiempo bien invertido. Ambas debemos reconocer esta verdad y aceptarla para toda la vida. Debemos aceptar el desafío de cultivar la disciplina de un tiempo diario con la Biblia en nuestra rutina diaria. ¿En qué momento?

2. *Primer tiempo.* Aspira a ocupar los primeros minutos de cada día para leer la Palabra de Dios. Proverbios 3:9 nos enseña: «Honra a Jehová con tus bienes, y con las primicias de todos tus frutos». Luego, viene la promesa: «Y serán llenos tus graneros con abundancia, y tus lagares rebosarán de mosto» (versículo 10). Este proverbio habla de las bendiciones que siguen a la ofrenda de un diezmo a Dios de los primeros frutos de las cosechas.

   Y los mismos resultados suceden en el ámbito espiritual. Cuando nos proponemos darle a Dios la primera porción de tiempo de la cosecha de cada nuevo día, de cada nueva medida de mil cuatrocientos cuarenta minutos, recibimos bendición en nuestro espíritu y en nuestra vida práctica.

3. *Temprano*. David escribió estas expresivas palabras desde el fondo de su corazón: «Dios, Dios mío eres tú; de madrugada te buscaré» (Salmo 63:1). Muchos de los grandes héroes de la fe buscaron sinceramente la comunión con Dios temprano y con seriedad en su día. Por ejemplo:

Abraham se levantaba temprano por la mañana e iba al lugar en el que se encontraba con el Señor (Génesis 19:27).

David escribió sobre la adoración matutina con estas expresiones: «Oh Jehová, de mañana oirás mi voz; de mañana me presentaré delante de ti, y esperaré» (Salmo 5:3). En lo personal, me encanta la traducción que dice: «Al amanecer, me mantengo listo para ti, te espero»[1].

Nuestro Señor Jesús se levantaba temprano, cuando todavía estaba oscuro, cuando faltaba en realidad bastante para que amaneciera a fin de conversar solo con su Padre celestial (Marcos 1:35).

Tres pequeños pasos. Y tres pasos sencillos que cualquier mujer puede dar. Un *tiempo*, *primer* tiempo y *temprano*. Al pensar de nuevo en nuestra águila y en su visita diaria, me doy cuenta de que viene con un propósito: conseguir comida para el día. Y lo hace como *primer* acto de su día; se ocupa de las primeras cosas primero, de la prioridad de asegurarse el sustento, la nutrición y la energía. Y viene *temprano*, ante el primer esbozo del amanecer, en cuanto puede ver, a las 5:47 a.m.

Y mi preciosa y apasionada amiga lectora, la disciplina del águila también debe convertirse en la nuestra. Tú y yo necesitamos el alimento espiritual que solo brinda la Palabra de Dios... y eso requiere *tiempo*. Debemos recoger esa comida a *primera* hora cada día, antes de que la vida presente sus demandas diarias sobre nuestras horas y nuestra energía. Y debemos hacerlo *temprano*, antes de que comiencen la prisa y las exigencias del día. De otra manera, tal como lo saben las águilas, es demasiado tarde. Desaparece la breve brecha para obtener el preciado y necesario alimento para el día. El sol sale, el calor se instala y otros depredadores vienen a terminar con nuestro precioso tiempo y nuestra preciosa energía. Ya se ha ido ese breve remanso de un puñado de minutos que estuvo a nuestro alcance... cuando estábamos solas... cuando todo estaba en silencio.

Muchas veces, las personas me preguntan cómo he podido lograr escribir tanto en un tiempo tan breve. Son estos tres pequeños pasos que he seguido con fidelidad durante los últimos treinta años los que me han ayudado a desarrollar un depósito personal de la Palabra de Dios en mi corazón y en mi vida. Y ahora, en el momento de Dios, sus principios que han guiado mi vida han surgido para servir a sus mujeres.

Tiempo, primer tiempo, temprano. En lo personal, no alcanza todo lo que pueda decir (¡no alcanza en absoluto!) sobre esta clave que resulta ser el meollo de todo lo que soñamos y anhelamos ser para el Señor. ¡Es una fórmula tan sencilla! Y parece muy fácil, ¿no es cierto? Puede ser tuya, también. Sin embargo, como bien sabemos, cuando queremos dedicar tiempo para cualquier cosa valiosa, siempre es necesario que tomemos un serio compromiso con la disciplina. Por lo tanto, veamos algunos de los beneficios de esta disciplina. Deberían inspirarnos a buscar tiempo para estar con el Señor.

El poder de la Palabra de Dios

Detrás de la vida de pasión de cada santo se encuentra una pasión por Dios y por su Palabra. El tiempo que pasamos con la Palabra de Dios es la manera de obtener el poder que pone a nuestra disposición (el poder que nos ayuda a remontarnos como las águilas). Espero que percibas esa pasión en mi vida. Y espero que la desees para la tuya también.

Muchos domingos por la mañana he escuchado a Jim predicar sobre su libro favorito de la Biblia: 2 Timoteo. Es una carta breve pero apasionada que el apóstol Pablo le escribió a Timoteo, su discípulo y un «hombre de Dios». También contiene un llamado directo a Timoteo, de corazón a corazón, con convicciones profundas, para que lleve una vida disciplinada, templada, capaz de manejar situaciones complicadas y difíciles. ¿Para qué? Para que Timoteo glorifique a Dios con su vida y su servicio (tú y yo deseamos lo mismo, ¿no es cierto?)... y para que soportara las pruebas de la vida (tú y yo también lo necesitamos como mujeres atareadas de Dios, ¿no es cierto?).

Hacia el final de su epístola, Pablo pinta un cuadro maestro de lo que es la Palabra de Dios y de lo que hace en quienes la incorporan como parte de sus vidas. Escucha ahora lo que Pablo (y algunos otros escritores de la Biblia) tiene que decir. Y anda a través de las características de la poderosa Palabra de Dios:

Toda la Escritura es inspirada por Dios, y útil para enseñar, para redargüir, para corregir, para instruir en justicia, a fin de que el hombre de Dios sea perfecto, enteramente preparado para toda buena obra (2 Timoteo 3:16-17).

La Palabra de Dios revela su corazón. ¿Te gustaría conocer lo que piensa Dios, escuchar su corazón, permitir que un poquito de lo celestial forme parte de tu vida diaria? Entonces, lee la Palabra de Dios. *Todo* lo que Dios desea decirte está registrado en tu Biblia... directamente de su corazón al tuyo. Dios la exhaló, la inspiró y proviene de Él (2 Timoteo 3:16). Y contiene el consejo del Señor y los pensamientos de su corazón para todas las generaciones (Salmo 33:11). Por lo tanto, el salmista te invita con pasión: «*Gustad*, y ved que es bueno Jehová» (Salmo 34:8).

La Palabra de Dios es un buen uso de tu tiempo. Nunca debes preocuparte por perder el tiempo si lo dedicas a leer la buena, útil y eficaz Palabra de Dios. Por ejemplo:

Si eres impaciente, siéntate tranquila y ten comunión con Job. Si eres cabeza dura, lee acerca de Moisés y de

Pedro. Si te falta valor o fuerza, mira a Elías. Si en tu corazón no hay canción, escucha cantar a David. Si estás en la política, lee Daniel. Si te sientes infame, lee Isaías. Si tu corazón está frío, lee sobre el discípulo amado, Juan. Si te escasea la fe, lee a Pablo. Si te estás volviendo perezosa, observa a Santiago. Si estás perdiendo la visión del futuro, lee en Apocalipsis acerca de la Tierra Prometida. En alegría o tristeza, en salud o enfermedad, en pobreza o en riqueza, en todos los estados de la vida, Dios tiene [algo] guardado para ti en su Palabra[2].

Entonces, ¿necesitas sabiduría? La encontrarás en la Biblia. ¿Necesitas aliento? También lo encontrarás en las sagradas páginas de la Escritura. ¿Necesitas fuerza? La simple lectura de la Palabra de Dios te infunde fuerza, su fuerza, para el día de hoy y esperanza, su esperanza, para el día de mañana. Tan solo haz una pausa, toma tu querido volumen de la Biblia y haz lo mejor que puedes hacer con tu tiempo: ¡contemplar la Palabra del Señor! Como lo explica Pablo, toda la Escritura es, por cierto, «útil» (2 Timoteo 3:16).

La Palabra de Dios te enseña (2 Timoteo 3:16). No seas como las mujeres a las que diversas traducciones de la Biblia describen como «de poca voluntad», «crédulas» o «tontas», que «están siempre aprendiendo y nunca pueden llegar al conocimiento de la verdad» (versículos 6-7). Como mujeres con pasión por Dios, debemos crecer en nuestro conocimiento de la Palabra. No existe ninguna razón para que nuestra fe no esté bien arraigada. Permite que la Palabra de Dios te enseñe doctrina, teología y verdad: la verdad acerca de Jesucristo, la verdad acerca de la fe cristiana y la verdad acerca de cómo quiere Dios que vivas. Una vez más, ¡lee tu Biblia!

La Palabra de Dios te reprende (otra vez 2 Timoteo 3:16). Hablando de poder, la Biblia se refiere a sí misma como «viva y eficaz, y más cortante que toda espada de dos filos». Y describe la acción que produce en nuestro corazón diciendo que «penetra hasta partir el alma y el espíritu, las coyunturas y los tuétanos» y que «discierne los pensamientos y las intenciones del corazón» (Hebreos 4:12). Por lo tanto, cuando estudias en detalles las páginas de la Escritura, te habla de forma directa al corazón. Te señala comportamientos, actitudes o prácticas que no están de acuerdo con las normas de Dios para su pueblo. Como dijo Martín Lutero:

La Biblia está viva, me habla;
tiene pies, corre detrás de mí;
tiene manos, me atrapa[3].

La Palabra de Dios te corrige, enmienda e instruye (2 Timoteo 3:16, una vez más). ¿Te reprobaron? Pues bien, anímate. La Palabra de Dios también tiene poder para enmendarte y hacerte seguir adelante. Después de la caída y el fracaso, la Palabra de Dios te levanta, te sacude el polvo, te endereza y te edifica hasta que te encuentras restaurada a la condición que Dios tenía en mente para ti. Procuramos administrar nuestra vida a la manera de Dios... y su Palabra nos corrige sin cesar y vuelve a establecer la dirección de nuestra vida. De ese modo, nos prepara a fin de poner en práctica su plan y propósito en el servicio futuro.

La Palabra de Dios te equipa (2 Timoteo 3:17). ¿Qué necesitas hacer hoy, la semana que viene, el año próximo? ¿Qué tareas, papeles, servicios y ministerios deseas administrar y poner en práctica con excelencia? Sea lo que sea, la Palabra de Dios te equipará de manera más que adecuada para realizar la obra y el ministerio que Dios tiene para ti en el hogar y en la iglesia. La Palabra de Dios te dará el poder para satisfacer las demandas de servir al Señor y de vivir en rectitud.

La Palabra de Dios te guía. ¿Alguna vez has acampado y has tenido que caminar en la noche desde tu auto hasta el campamento o de un edificio al otro? Si lo has hecho, sabes cuánta oscuridad puede haber en el camino... ¡y cuán indispensable, útil y necesaria fue tu linterna! Aunque tal vez su rayo solo alumbraba la zona donde debías dar el próximo paso, eso bastaba para que caminaras segura.

Así es cómo te guía la Palabra de Dios. Pasando de Pablo al salmista, aprendemos que la Palabra de Dios es lámpara a nuestros pies y una luz en nuestro camino (Salmo 119:105). Su poderosa señal luminosa alumbra, al menos nuestro próximo paso, nuestra próxima decisión, nuestra próxima actividad. No hace falta que tropieces en la vida ni que te extravíes... si usas la Palabra de Dios para alumbrar el siguiente tramo de tu camino. Asegúrate de recurrir a la Biblia para que te muestre el buen camino, de modo que te ayude a evitar el camino equivocado y para administrar tu vida como *Dios* quiere.

La Palabra de Dios te anima. ¿A tu vida le falta gozo? ¿Estás atravesando días tristes, querida mía? ¿Debes soportar angustias? Entonces busca el sustento de la Palabra de Dios. Eso fue lo que hizo el profeta Jeremías cuando se encontraba desesperado. Y luego informó: «Fueron halladas tus palabras, y yo las comí; y tu palabra me fue por gozo y por alegría de mi corazón» (Jeremías 15:16). ¡Qué gozosa bendición!

Mientras escribo acerca de esta verdad, mi corazón está triste. Jim y yo acabamos de regresar a casa desde Manhattan, Nueva York, donde recibimos al bebé de nuestra hija, Matthew, que llegó a este mundo... horas antes de que se efectuara el atentado terrorista al Centro del Comercio Mundial el 11 de septiembre. Las dos semanas que nos retrazamos en Manhattan fueron tristes, y nuestros corazones todavía están cargados. Por lo tanto, ¿adónde fuimos (y vamos) en busca de gozo en un momento como este? A la Palabra de Dios. En realidad, ¡corrimos hacia ella! Este mismo gozo y regocijo de corazón, junto con la paz y la perspectiva de Dios, se encuentran disponibles para nosotros cuando el dolor y la penumbra forman parte de cada día.

Miremos a la vida

Al comenzar nuestro viaje juntas a través de este libro sobre la administración de nuestras vidas, de inmediato nos vemos obligadas a darnos cuenta de que Dios ya nos ha dado el mapa para nuestra aventura. Y ese mapa es su Palabra, la Biblia. Nos enseña, nos reprende, nos corrige, nos enmienda, nos instruye, nos equipa, nos guía y nos anima a lo largo del camino. ¿Qué más podríamos necesitar mientras caminamos por la vida?

Sin embargo, todas hemos escuchado testimonios como los que se encuentran abajo, de cristianos que hablan de sus viajes de la siguiente manera:

> Me aparté del Señor...
> Me distraje en el pecado...
> Perdí mi primer amor...
> Me desvié de la verdad...
> Tomé algunas decisiones equivocadas...
> Caí hasta lo más profundo...
> Me mezclé con la gente equivocada...

Siempre me pregunto: *¿Qué sucedió?* ¿Cómo es posible que alguien se extravíe del camino? ¿Cómo se vuelve pródigo el pródigo? ¿Cómo nos distraemos? ¿Cómo perdemos el primer amor, nos desviamos de la verdad, comenzamos a tomar malas decisiones y a cometer errores? ¿Qué nos conduce hasta lo más hondo, lo que nos hace abandonar el rebaño de Dios, elegir un estilo de vida en el que nos revolcamos en el lodo y comemos las cáscaras que en un principio eran para los cerdos?

Las dos sabemos qué fue lo que sucedió, ¿no es cierto? De alguna manera, en algún momento, por alguna razón, la Palabra de Dios ocupó un lugar secundario en nuestras prioridades. Las cosas menores fueron determinando cómo se gastaba el tiempo, hasta que no hubo un espacio cada día para desarrollar la pasión de conocer y seguir el plan de Dios.

Amada, en el corazón de una mujer que procura cumplir con el plan de Dios para su vida, se encuentra una pasión por la Palabra de Dios. Y cuando fallamos a propósito en desarrollar esta pasión, comenzamos a pasar nuestro precioso tiempo y nuestros preciosos días detrás de objetivos menores... que nos pueden llevar a apartarnos del camino de los propósitos de Dios y de su voluntad para nuestra vida.

Aquí se halla en juego tu vida y el desarrollo del plan de Dios y de su propósito para ti. Además, las vidas de tus seres queridos, de tu compañero y de tus queridos hijos, que deben ser la próxima generación de cristianos, están en juego también. Tu testimonio en el trabajo y en el vecindario también está en juego. ¿Por qué? Porque lo que haces y lo que no haces para administrar tu vida no solo te afecta a ti. ¡Afecta a todos y a todo!

Por lo tanto, te llamo a que hagas lo que sea para desarrollar una pasión por la Palabra de Dios y por las disciplinas que alimentarán en tu corazón una intensa pasión por la Biblia. Como alguien bien dijo:

El estudio de la Palabra de Dios
con el propósito de descubrir la voluntad de Dios
es la disciplina secreta
que ha formado a los personajes más importantes[4].

Ahora bien, ¿estás lista para considerar algunas de las disciplinas que nos ayudan a entrar en la Palabra de Dios? Entonces, sigamos leyendo para saber cómo adoptar esas disciplinas.

Capítulo 2

*D*iez disciplinas para desarrollar una pasión por la Palabra de Dios

No he rechazado sus mandamientos,
sino que en ellos me he deleitado
más que en mi alimento de cada día.

JOB 23:12, LBD

«Se exige que el atleta sea disciplinado para ganar una competencia. Se requiere disciplina del capitán que dirige un barco. El pianista necesita disciplina para practicar para un concierto»[1]. Y, querida hermana lectora, se necesita disciplina para desarrollar una pasión por la Palabra de Dios.

En nuestra búsqueda por encender esta pasión transformadora, hemos saboreado algunas de las bendiciones más dulces que nos pertenecen cuando nos damos el gusto y nos deleitamos en la Palabra de Dios. Es de esperar que, a esta altura, te hayas comprometido a dar estos tres pequeños pasos que ayudan a darle a la Escritura un lugar preponderante en tu corazón y en tu vida, y en cada nuevo día atareado: *tiempo*, *primer* tiempo y *temprano*.

Ahora deseo que consideremos diez disciplinas que debemos incorporar a nuestra vida diaria que encenderán aun más nuestros corazones y nuestras almas. Como vimos más arriba, la disciplina es necesaria para desarrollar una pasión por la Palabra de Dios.

Diez disciplinas para desarrollar una pasión por la Palabra de Dios

1. *No aceptes perder un día.* Haz que tu primera disciplina sea la decisión de permanecer fiel en una sola cosa: en pasar algún momento de tu día leyendo la Biblia. Haz que tu primera disciplina sea un intento de no perder ni un solo día. La Palabra de Dios se encuentra en el corazón de una mujer, ¡incluso en el de una mujer atareada!, que siente pasión por su relación con Él.

Aquí vemos cómo uno de los grandes hombres de fe de la Biblia consideraba la Palabra de Dios. En medio de casi todo tipo de sufrimiento que conoce la humanidad, Job declaró: «No he rechazado sus mandamientos, sino que en ellos me he deleitado más que en mi alimento de cada día» (Job 23:12, LBD). ¡Qué declaración! Muy pocos de nosotros nos perdemos una comida alguna vez, y Job nos muestra que la Palabra de Dios debería tener una prioridad superior en nuestras almas que la que tiene el alimento de cada día en nuestro cuerpo. Este hombre angustiado, que había perdido todo, se deleitaba en la Palabra de Dios más que en su alimento diario.

Te contaré acerca de una mujer que captó lo que era la disciplina de pasar tiempo con la Palabra de Dios. Cuando conocí a Donna, era miembro del personal de Cruzada Estudiantil para Cristo. Y me tomó, como a una novata, bajo su ala y me encaminó hacia un buen comienzo como cristiana. Hizo una tarea magnífica al imprimir en mí la necesidad de un tiempo diario y constante para leer la Biblia. Y, debo añadir, que lo hizo con dulzura y de manera casual, hablando en un tono de voz bajo y serio mientras preparaba una tortilla de huevos para que compartiéramos. Aquel era el tema del día mientras nos encontrábamos sentadas en su cocina compartiendo la comida física y también hablando acerca de la necesidad que tiene una mujer cristiana del alimento espiritual.

Para ayudarme con esta nueva disciplina, comencé a usar el «Calendario de devocionales» (véanse las páginas 234-235) que requería que coloreara o sombreara los espacios provistos para cada día cuando tenía en realidad un tiempo devocional. El objetivo de usar este calendario es formar una línea sólida (como el mercurio de un termómetro) a medida que lees la Biblia día tras día... procurando no perder un día jamás. De nuevo, el adagio es verdad: ¡una imagen vale más que mil palabras! Todavía, después de tantos años, todo lo que tengo que hacer es mirar ese cuadro y sé, con solo una mirada, cómo he andado. Puedo ver la apariencia del «termómetro» (una línea sólida), la apariencia «código Morse» (punto, punto, guión, punto, punto, guión), o la apariencia «sarampión» (un punto aquí, un punto allá, puntos por todas partes, punto).

Ahora bien, ¿cuál te parece que debe ser la apariencia de *tu* «Calendario de devocionales»? ¿Te estás acercando a desarrollar la disciplina de negarte a perder un día?

2. *Ora al acercarte a la Palabra de Dios*. Eso era lo que hacía el salmista. Oraba: «Abre mis ojos, y miraré las maravillas de tu ley». Y con el próximo aliento, rogaba: «No encubras de mí tus mandamientos» (Salmo 119:18-19). Pídele al Espíritu Santo que ilumine la Palabra de Dios en tu alma y en tu espíritu. Pídele que te ayude a entender la Palabra viva de Dios. Haz como aconseja Salomón y clama pidiendo sabiduría y levanta tu voz pidiendo comprensión (Proverbios 2:3).

3. *Consume la Palabra de Dios de diversas maneras*. No te detengas con solo leer tu Biblia. Escucha casetes y mira vídeos también. Memoriza y medita versículos específicos de la Biblia. Coloca versículos de la Escritura en lugares estratégicos por toda la casa (o en tu computadora y en tu escritorio en el trabajo). Tararea las palabras y las melodías de los grandes himnos de fe y de las canciones de alabanza y adoración. Pon como meta que las meditaciones de tu corazón sean aceptables a los ojos del Señor (Salmo 19:14). Y ponte como objetivo la saturación de tu corazón, de tu alma y de tu mente con la Palabra de Dios.

Aquí tenemos una inspiradora nota en cuanto a memorizar la Escritura: Desde que Dawson Trotman, el fundador del ministerio de Los Navegantes, se convirtió, se puso como meta memorizar un versículo diario. Al llegar su tercer cumpleaños espiritual, podía recitar casi mil versículos de memoria... ¡palabra por palabra! Ahora bien, ¿no podrías memorizar tan solo *un* versículo a la semana?

Sé que estás ocupada, ¿pero te das cuenta de que ninguna de estas actividades para absorber la Escritura requiere tu tiempo? Solo requieren tu corazón y tu mente. *Mientras* andas atareada por la vida cumpliendo con tus obligaciones, haciendo tus tareas y tu trabajo, tarareas (¡al menos en tu corazón!), escuchas, memorizas, meditas. Todo lo que requiere este ejercicio de consumir la Palabra de Dios de diversas maneras es una decisión y un poco de preparación. Debemos, debemos, *debemos* dedicar... y tomar... tiempo para estar con la Palabra de Dios. ¿Por qué? Porque en la Biblia encontramos *todo* lo que necesitamos para guiar y estimular nuestras vidas, a fin de mantenernos en el rumbo de tal manera que seamos capaces de cumplir con el plan de Dios.

4. *Busca un ritmo o un modelo que se adapte a tu estilo de vida.* Moriré enseñando (¡e intentando practicar!) aquello de *tiempo, primer* tiempo y *temprano.* Y existen dos razones para esta preferencia personal. La primera es mi deseo de transitar cada día atareado sin la carga de la culpa que pende sobre mí cuando no he tenido mi tiempo de lectura bíblica. En mi alma (¡y en mi agenda!), el tiempo con la Palabra de Dios es algo que necesito hacer, que deseo hacer y que debo hacer... y una nube se cierne sobre mi día brillante hasta que tengo ese tiempo especial con Dios. Existe una inquietud en todo lo que hago porque sé, tanto a través de mi lista de cosas para hacer como de mi corazón, que hay algo que necesito hacer, una obligación que me quedó sin cumplir. Por lo tanto, ¡cuánto antes, mejor!

Y la segunda razón es mi deseo de sabiduría y fortaleza, la sabiduría y la fortaleza de *Dios*, a lo largo de mi día. Con desesperación deseo que su imagen se estampe en la vida que he sido llamada a llevar para Él cada día. Y necesito su consejo para administrar el día... y sus crisis... ¡y sus demasiadas ocupaciones! Necesito su aporte, su dirección, su guía, su aliento. El tiempo con las Escrituras (y una vez más, ¡cuanto antes mejor!) vuelve la mirada de mi corazón hacia Dios y hace que mis días y mi administración sean notablemente mejores.

Encontrar el tiempo para leer la Biblia que se adapte a tu estilo de vida es algo que queda librado a tu decisión. No obstante, búscalo, así no utilizas la vida atareada como una excusa, al igual que lo hizo esta mujer:

> Soy una madre joven y mis hijos pasan la escuela en casa, así que me mantengo ocupada. He utilizado esto como una excusa en mi relación con Dios. Deseo ser una mujer conforme al corazón de Dios, así que me he comprometido a orar y establecer un tiempo devocional más significativo y a buscar un mayor crecimiento espiritual.

Y, de paso, *felicitaciones* a esta maravillosa joven mamá por tomar una seria decisión, ¡una decisión que es la base de todo!

5. *Sé una mujer de un Libro: el Libro.* Hay muchos libros a los que les podemos dedicar tiempo. Algunos son malos, otros son buenos y algunos son mejores. Con todo, nuestra lectura requiere disciplina. Al menos dos disciplinas nos pondrán en el camino adecuado mientras alimentamos nuestra pasión por Dios.

En primer lugar, hazte la regla de leer lo que honra las normas de Dios y lo que lo glorifica.

Y en segundo lugar, si solo tienes tiempo para leer un libro, asegúrate que ese libro sea *el* Libro, la Biblia. Tengo amigos que hasta tienen la disciplina de leer la Biblia *antes* que cualquier otra cosa cada día. Nada de periódico, ni de lecturas devocionales, ni de libros instructivos ni de ficción hasta que leen su Biblia. Se dijo que Juan Wesley, el brillante fundador del metodismo y alguien al cual se anunció como un ejemplo de un intelecto consagrado, era un «hombre de un Libro»[2].

Querida mía, lee tu Biblia. Vuélvete adicta a ella. Ama tu Biblia. Por cierto, deléitate en ella. Me sentí muy conmovida al leer acerca de la muerte del teólogo Francis Schaeffer: se dice que yacía en su lecho de muerte sosteniendo su Biblia sobre el pecho con una mano y acariciándola con la otra. Estaba demasiado débil como para sostener la Biblia abierta para la lectura, así que la apretaba contra su pecho y la acariciaba. Ya ves, era un hombre de un Libro: *el* Libro.

6. *Rinde cuentas.* Thomas Edison tenía por costumbre anunciar primero sus intenciones en cuanto a un proyecto dado... y luego iba al laboratorio, trabajaba con intensidad y lograba que el anuncio se hiciera realidad. Entonces... toma una página del libro de Edison. Declárales tus intenciones a quienes más se preocupan por ti y que están dispuestos a controlarte y a «tenerte firme las riendas», por así decir.

¿Quiénes serían estas personas? Amigas y mentoras cristianas. Incluso, hasta tu esposo (si desea asumir esa tarea, ¡asegúrate de preguntarle primero!). Existen tres clases de conocidos en la vida: los que te tiran abajo, los que se ponen a tu lado y los que te impulsan hacia arriba. Es evidente que la persona a la cual le rindas cuentas en cualquier aspecto de tu crecimiento espiritual debe ser alguien que se ponga a tu lado, que sea de un mismo parecer, que avance hacia el mismo celo por Cristo que tienes tú. Sin duda, una amiga así deseará ayudarte a crecer. Y lo mismo sucede con la que te impulsa hacia arriba, que se encuentra un escalón (o dos) más arriba que tú, que te inspira y que está dispuesta a discipularte y guiarte hacia un crecimiento mayor. Pide que te controlen... y luego prepárate para hacer tu parte, de modo que tu deseo de ser una mujer con una pasión diaria por la Palabra de Dios sea una realidad.

Mientras pides que te controlen, pídeles a tus amigas que oren a tu favor porque lo necesitarás mucho. Y no olvides añadir tus propias oraciones para ser más dedicada y fiel en tus nuevas disciplinas.

7. *Gánale a tu familia.* ¿Te parece extraño? Lo que quiero decir es que te propongas levantarte antes que tu familia. (Bueno, sonaría mejor si dijera: «Gánale a tu familia y levántate antes que ellos»).

Al tomar un tiempo devocional a solas para sintonizar las cuerdas de tu corazón con el cielo, luego (¡asombrosamente!) tu «melodía» es más dulce cuando tu esposo y tus hijos se levantan. Y también es más dulce cuando silbas y tarareas una tonada feliz mientras sales para ir al trabajo. En tu tiempo devocional, has tocado, tal vez en los Evangelios, la vida del Salvador... y su vida ha tocado, una vez más, la tuya. Quizá al leer los Salmos has derramado las preocupaciones de tu corazón y, al igual que sus escritores, te levantas mejor, fortalecida para un día más, en paz, satisfecha, lista para concentrarte en los demás y para servirlos por amor a Cristo. Con la ayuda de Dios y una renovada fortaleza, tu día sigue adelante impertérrito a medida que le haces frente a sus desafíos. Al leer el Antiguo Testamento, recordarás el cuidado de Dios hacia su pueblo a lo largo de las edades y recibirás nuevas armas. Las exhortaciones de parte de los autores de las epístolas del Nuevo Testamento a «permanecer firmes», «pelear la buena batalla», «andar como es digno del Señor», te fortalecerán otro día más. Las dos sabemos que nuestro día adquiere otro sabor cuando leemos primero la Palabra de Dios. Entonces, ¿por qué no darle a tu familia (y a tus compañeros de trabajo) la bendición de la divina influencia de Dios en tu vida?

8. *Enseña a tus hijos.* John Ruskin, un educador británico y crítico de arte del siglo diecinueve y reformador cristiano, atribuía

la formación de su carácter a la influencia de su madre. Dijo: «Me obligaba a aprender cada día largos capítulos de la Biblia de memoria. A esa disciplina y a esa paciente y acertada resolución, no solo le debo la mayor parte de mi poder para esforzarme, sino la mejor parte de mi gusto por la literatura»[3]. Sí, separamos tiempo para asimilar la Palabra de Dios... pero también debemos separar tiempo para asegurar que nuestros hijos hagan lo mismo. Es un deber ineludible... y es otra disciplina por la cual debemos sentir pasión.

Sé que esta disciplina ocupa tiempo de una agenda ya ajustada, pero es un tiempo que debes dar si deseas cumplir el mandamiento que Dios te da (Deuteronomio 6:7), como madre cristiana, de enseñar la ley del Señor con diligencia a tus pequeños (y a los grandes, también). Y no te preocupes, ese tiempo se encontrará disponible una vez que ordenemos las actividades de nuestra vida desde una perspectiva celestial.

¿No estás de acuerdo con que el tiempo que pasas con tus hijos enseñándoles la Palabra de Dios es más importante que el viaje al supermercado (que de alguna manera nos ingeniamos para realizar con fidelidad)... que la visita al salón de belleza (que, una vez más, por más ocupadas que estemos, ¡milagrosamente encontramos la manera de incluirla en nuestra agenda!)... que un viaje por la Internet, que de manera extraña se devora nuestros minutos (¡y hasta nuestras *horas*!) y las buenas intenciones del día... que otro viaje al centro comercial, a la casa de una amiga, etc.?

Es sorprendente que, por más ocupadas que estemos, *algunas* cosas se las ingenian para abrirse paso en la atestada escena. Entonces, mientras piensas en las primeras cosas primero, la Palabra de Dios primero, piensa también en que ocupe el primer lugar en las vidas de tus hijos. ¡Conviértelo en una pasión!

9. *Hazte el propósito de levantarte.* Para la mayoría de nosotros, existe una sola manera de disfrutar del *tiempo*, del *primer* tiempo, y del tiempo *temprano* con Dios: poner el despertador. Con seguridad, cualquier mujer que tenga una pasión por cualquier

cosa se asegura de levantarse para disfrutar de esa pasión. Reserva el dormir hasta tarde para días especiales o como una recompensa por algún trabajo agotador que has terminado. (¡Es probable que ni siquiera entonces tu ardiente pasión te deje dormir hasta tarde!)

10. *Proponte tener más tiempo.* Dos buenos principios para determinar la cantidad de tiempo que pasas leyendo la Biblia son:

> *Algo es mejor que nada*
> y
> *Siempre apunta a más.*

Te garantizo que una vez que te disciplines para encontrarte de forma regular con Dios *algún* tiempo, te volverás como David en el Salmo 63: tendrás hambre y sed de *más* tiempo con el Señor. Sin duda, su Palabra es más dulce que la miel y que el panal (Salmo 19:10).

Y aquí tenemos otro principio de Donna, la valiente mujer que me tomó como discípula. Me dijo que nunca se permitía pasar a diario más tiempo en ninguna actividad personal (mencionó de forma específica el ejercicio y las manualidades) que lo que pasaba con la Palabra de Dios. Por supuesto, mientras me discipulaba, me transfirió ese principio y se convirtió en parte de mi vida, también. ¡Y ahora, me ha llegado el turno de pasártelo a ti!

Esto nos lleva a Susana Wesley, la madre de Juan Wesley, que escribió:

> Te diré la regla que guardaba [...] cuando era joven y demasiado adicta a diversiones infantiles: Nunca debía dedicar más tiempo a la simple recreación en un día que lo que le dedicaba a los devocionales privados[4].

Debo advertirte que si adoptas con seriedad esta disciplina, cambiará tu vida: tu agenda, tus prioridades, tu enfoque, tu perspectiva y tus intereses. Cuidado... ¡el suelo retumba!

¿Y cómo se adapta una disciplina así para la mujer que pasa la mayor parte del día en su empleo? Pues bien, diría que una mujer así no debería animarse a salir al mundo sin preparación espiritual (¡y cuanto más, mejor!). Incluso si va a trabajar en una organización cristiana, su trabajo, en cualquier parte, en todas partes y en todas las cosas, se hace para el Señor. La meta siempre es hacer nuestro trabajo, ya sea en un ajetreado hogar, en una ajetreada oficina o en la iglesia, a la manera de Dios y con su poder. Y para eso, querida, se necesita pasar tiempo con Él. Tiempo mirándole. Tiempo en oración. Tiempo con su Palabra. ¡Mucho tiempo! Sencillamente debemos administrar nuestros atareados días de modo que nos aseguremos la disciplina del tiempo, tiempo y más tiempo invertido en estas búsquedas espirituales básicas. Porque, ciertamente, son el meollo de la cuestión, el lugar central para descubrir y llevar a cabo el plan de Dios con pasión y propósito.

Miremos a la vida

Sé que en este capítulo he dicho muchas cosas en cuanto a establecer algunas disciplinas importantes para nuestras vidas en movimiento. ¡Es probable que demasiadas cosas! Aun así, querida mía, amada y preciosa hermana, me faltan las palabras al tratar de cruzar estas páginas para llegar a tu corazón. Si eres una hija de Dios, a través de Jesucristo, eres un ser *espiritual*. Estabas muerta y ahora estás viva en Cristo. Él te hizo nacer: ¡has nacido de nuevo! Por lo tanto, como cualquier bebé, *debes* crecer. *Debes* alimentar tu vida y tu salud espiritual. Y *debes* recibir la ingesta regular de alimento espiritual.

Permíteme contarte acerca de la madre de Jim, una santa suegra. Lois siempre había leído su Biblia, servido a su familia y ministrado en su iglesia; pero los felices días junto a la chimenea en el hogar y con la familia pronto adoptaron la verdad de la astuta observación de la autora Edith Schaeffer: «La vida es el ascenso de una montaña hasta llegar a su fin»[5]. A medida que Lois envejecía y sufría la muerte de dos esposos, leía cada vez *más* la Biblia. También se devoraba los casetes de enseñanza de la Biblia. Para ella, ninguna cantidad de tiempo era suficiente para estar en la iglesia y absorber la exposición que hacía su pastor de la Palabra de Dios. Además, leía libros cristianos con un apetito voraz. Allí estaban sus amados libros devocionales y las inspiradoras biografías de la nube de testigos que la habían precedido. Sin embargo, a medida que pasaban los años, Lois leía libros con temas cada vez más profundos: libros de teología, tratados acerca de la naturaleza y la persona de Dios y volúmenes completos de comentarios acerca de los libros de la Biblia. Al pasar las décadas, cuando el ascenso de su montaña se tornó cada vez más empinado, Lois acrecentó mucho más su conocimiento de la Palabra de Dios... hasta que llegó a ser su dieta constante mientras peleaba la batalla contra el cáncer y hasta que al final entró en la presencia de Aquel al que amaba por sobre todas las cosas sin haberlo visto.

Podemos estar seguras de que en los setenta y seis años de vida de Lois hubo días en los que su corazón se deleitaba en volverse a la Palabra de Dios. Y también podemos estar seguras de que hubo días en que lo hacía porque era lo debido... y ella lo sabía... y en los que necesitaba determinación y decisión para hacerlo. Amada, así sucede con la disciplina, con cualquier disciplina. Lo haces porque es lo que debes hacer, lo que se supone que debes hacer y porque es lo bueno. Lo haces porque contribuye a que seas y hagas lo que deseas ser y hacer, y te impulsa hacia ello... y en nuestro caso, este deseo es convertirnos en mujeres apasionadas por Dios. Y entonces, de alguna manera, el deber de la disciplina se convierte en puro deleite y cosechamos las bendiciones de una relación tierna con el Señor que no tiene precio y es mil veces mejor que cualquier otra cosa.

Por lo tanto, compañera en el camino hacia una vida disciplinada, una vida administrada con pasión y propósito, ¿dónde te encuentras en el camino de la vida, en el ascenso de la montaña? ¿Qué debes hacer? ¿Cómo comenzarás? ¿Cuáles serán los primeros pasos que tomarás? ¿Qué harás, no solo para evitar las feas e incómodas consecuencias que trae descuidar esta disciplina que abarca toda la vida cristiana, que dirige la vida (¡y la cambia!), sino también para deleitarte en el maná celestial de la Palabra de Dios?

O, ¿cómo aumentarás y mejorarás las disciplinas que ya estás practicando? Un atleta entrena para mantener la fuerza que ya ha conseguido *y* para aumentarla para victorias y proezas aun mayores. Lo mismo sucede contigo y conmigo como mujeres con una pasión por Dios y por desarrollar las disciplinas que alimentan esta importante relación con Él. A medida que las demandas de la vida aumentan, la ingesta de la Palabra de Dios también debe aumentar a fin de obtener las victorias *más difíciles*, hasta que alcancemos la última victoria de ver a nuestro Señor cara a cara.

¿Qué te parece si haces tuyas las «reglas» que se encuentran a continuación para que tus días de ascenso a la montaña sean más dulces y santificados?

Reglas para la vida diaria

Comienza el día con Dios
Arrodíllate delante de Él en oración;
Levanta tu corazón a su morada,
Y procura compartir su amor.

Abre el libro de Dios
Y lee de allí una porción;
Que pueda santificar todos tus pensamientos,
Y dulcificar todas tus preocupaciones.

Recorre el día con Dios
Sea cual sea tu trabajo;
Estés donde estés, afuera o en el hogar,
Él sigue estando cerca de ti.

Conversa con Dios en tu mente
Eleva tu espíritu hacia el cielo:
Reconoce cada bien que has recibido,
Y ofrece alabanza de gratitud.

Termina el día con Dios
Confiésale tus pecados;
Confía en la sangre redentora del Señor,
Y suplica por su justicia.

Por la noche, acuéstate con Dios
Que a sus siervos da el sueño;
Y cuando te aventures por el valle de la muerte,
Él te guardará y te sustentará[6].

Capítulo 3

El desarrollo de una pasión por la oración

Oh Jehová, de mañana oirás mi voz;
de mañana me presentaré delante de ti, y esperaré.

SALMO 5:3

Cada vez que enseño acerca de la vida espiritual y de las disciplinas que nos ayudan en nuestro deseo de acercarnos más a Dios, me gusta decir este pensamiento de John Flavel, un clérigo inglés del siglo diecisiete al cual le encantaba enseñar y escribir acerca de la religión práctica y de la piedad:

> Los deberes que se ven mantienen nuestro mérito,
> pero los deberes secretos mantienen nuestra vida.

Desde luego, como hemos aprendido, la lectura y el estudio de la Palabra de Dios es un *deber secreto* que mantiene nuestra vida. Lo mismo sucede, amada, con la oración. La oración es otro privilegio más, y otra responsabilidad... ¡y otro *deber secreto*!, que tenemos como cristianas. Es un privilegio porque nos relacionamos con Dios como sus hijas, y es una responsabilidad y un deber debido a los muchos mandamientos en la Escritura que nos llaman a una vida fiel de oración.

Nuestro llamado a la oración

¡Nadie puede haber leído la Biblia sin darse cuenta del énfasis que hace en la oración! Desde las primeras páginas hasta los capítulos finales, vemos (¡y oímos!) a los hombres y a las mujeres de fe clamando a Dios. Por cierto, se registran oraciones completas para que las leamos palabra por palabra.

En la Biblia, Dios nos dice que clamemos a Él (Jeremías 33:3), que le pidamos (Santiago 1:5), que lo busquemos (Mateo 7:7). También nos dice que nos alejemos de los demás y que entremos a nuestro «ropero», nuestra cámara secreta, una habitación o un lugar a solas y que oremos a nuestro Padre en secreto (Mateo 6:6).

Estoy segura de que puedes pensar en muchos otros mandamientos a orar que nos llegan del mismo Dios a través de su Palabra. Por ahora, sin embargo, consideremos cinco hazañas que logra la oración en nuestro corazón y en nuestra vida.

La primera es más una realidad que una hazaña: *la oración es un privilegio*. Es una manera mediante la cual tenemos comunión con el Dios del universo. Él es nuestro soberano, nuestro Padre y, amada, nuestro amigo. Me encuentro con muchas mujeres que están muy solas, pero piensa nada más... cuando no hay nadie con el cual puedes hablar, cuando no hay nadie presente, ni un esposo, ni una amiga, nadie a quien parezca que le importas o que te entiende, nadie a quien escuchar, ¡siempre está Dios! Piénsalo... los oídos del Creador de todo el mundo, ¡el que puede hacer cualquier cosa!, están abiertos para escuchar nuestras oraciones (1 Pedro 3:12). Y piensa... tu Amigo que es más unido que un hermano *siempre* está disponible y cerca de ti (Proverbios 18:24). No cabe duda, Él es el que nunca te dejará ni te desamparará (Hebreos 13:5). ¡Qué privilegio tenemos de poder unirnos a Él a través de la oración!

Además, *la oración alimenta nuestra confianza en Dios*. Un buen padre nunca descuida a sus hijos, y tu Padre celestial tampoco lo hace. Como exclamó Jesús al comparar a los padres terrenales con nuestro Padre celestial: «¿Cuánto *más* vuestro Padre que está en los cielos dará buenas cosas a los que le pidan?» (Mateo 7:11). Por lo tanto, le pedimos como una muestra de la confianza que le tenemos. Y luego, demostramos mayor confianza en Él cuando «elevamos nuestra oración» (Salmo 5:3) y esperamos sus respuestas y sus acciones basadas en lo que le pedimos (Santiago 5:16-18). Como alguien dijo: «Si lo de abajo se ve mal, ¡mira hacia arriba!». Esta mirada puesta hacia arriba alimenta nuestra confianza en Dios.

También, *la oración nos guía en el camino de la rectitud*. Ya hemos hablado de la necesidad de orar antes de leer la Palabra de Dios. ¿Por qué? Porque necesitamos con urgencia un corazón tierno y dócil a fin de no perder el mensaje de Dios para nosotros mientras leemos. Además, existen otras razones por las que debemos orar a Dios en busca de dirección. Por ejemplo, porque deseamos con ansias vivir en obediencia. Porque deseamos con ansias que Dios nos guíe cuando tomamos decisiones, tanto grandes como pequeñas, desde nuestro servicio para Él hasta el programa que hacemos para nuestro atareado día. Porque requerimos con muchas ansias la ayuda de Dios para vivir a su modo. Porque mirar a Dios nos ayuda a amar a los demás. ¡Porque nuestros corazones son tan terriblemente perversos (Jeremías 17:9)! A través de la oración, abrimos nuestro corazón a Dios, y cuando lo hacemos, Él lo escudriña, descubre nuestras motivaciones y nos da la oportunidad de alinear nuestras voluntades con su plan.

Además, la oración *nos ayuda en nuestra relación con Dios*. La disciplina diaria y la acción de la oración mantienen nuestra relación con Dios. Y cuando fallamos, también la restauran.

> David confesó sus transgresiones al Señor... y luego disfrutó del perdón de su pecado (Salmo 32:5).

David también clamó a Dios pidiéndole que tuviera misericordia de él... luego experimentó la restauración del gozo de su salvación (Salmo 51:1,12).

Sansón también, a pesar de su fracaso pasado, le suplicó a Dios que se acordara de él y que lo fortaleciera para realizar una proeza más de poder a favor de Dios. El resultado fue que Dios lo usó una última vez... para destruir por completo un templo pagano y a sus perversos adoradores (Jueces 16:23-31).

Otra razón por la que debemos orar es que *la oración nos fortalece para superar nuestra tendencia a pecar.* ¿Qué dice la Biblia que debemos hacer en lugar de preocuparnos y de estar ansiosos? ¡Debemos orar (Filipenses 4:6-7)! ¿Y en lugar de cargar con rencores o sucumbir ante la amargura? ¡Debemos orar (Marcos 11:25)! ¿Y en lugar de odiar a los que nos hieren? ¡Debemos orar (Mateo 5:44)! Cuando te sientas tentada a pecar, querida mía, ora.

Entonces, ¿cómo debemos orar?

Si reconocemos que *deseamos* orar y sabemos que *necesitamos* orar, ¿cómo debemos hacerlo? En la Biblia hay un puñado de pautas y de disciplinas que nos ayudan a ponernos en marcha en cuanto a cómo orar.

✓ Debemos orar con regularidad. Jesús no dijo: «*Si* oran». Dijo «*Cuando* oren» (Mateo 6:5-7). El Señor daba por sentado que la oración sería un hábito en nuestras vidas, como lo era para Él. Dio por sentado que anhelaríamos comunicarnos con nuestro Padre, como Él lo hacía. Dio por sentado que acercarnos a Dios en busca de fuerza espiritual sería tan necesario y natural para nosotros como respirar e inhalar aire para mantener la vida física. Como dijo otro santo del siglo diecinueve, el obispo J.C. Ryle: «La oración es el mismísimo aliento de vida del verdadero cristianismo»[1].

✓ Debemos orar con respeto. Dios es nuestro Padre *celestial*. Por lo tanto, no es como nosotros (Isaías 55:8-9). Tampoco es «el de arriba», «la fuerza», «el Gran Jefe», una parte de «las fuerzas del universo» o el Dios que a nosotros se nos ocurre. No, Dios es santo, es el Rey de gloria, el Juez de todos, el Dios del cielo y de la tierra y de todas las huestes, el Dios Poderoso y el Señor de señores (por nombrar solo algunos de sus títulos). Por lo tanto, oramos con respeto y nos acercamos a Dios con temor reverente.

✓ Debemos orar con humildad. Los fariseos de los días de Jesús hacían largas oraciones en voz alta. En cambio, como mujeres con una pasión por la oración, nosotras debemos orar con humildad y sinceridad, como el recolector de impuestos de la parábola de Jesús, que parado a lo lejos, ni se animaba a levantar los ojos al cielo, sino que se golpeaba el pecho diciendo: «Sé propicio a mí, pecador» (Lucas 18:13). Amada, este hombre humilde recibió el elogio de nuestro Señor.

✓ Debemos orar con audacia. ¿Esto suena contradictorio con lo que acabo de decir? Es verdad, somos pecadoras humildes y penitentes, pero debido a la gracia de Dios, nosotras, humildes pecadoras, podemos acercarnos al trono de su gracia con audacia y valentía para recibir su misericordia y hallar su gracia que nos ayuda en los tiempos de necesidad (Hebreos 4:16).

✓ Debemos orar en un sentido amplio. Piensa tan solo en todos los seres queridos, en todas las personas y en todas las preocupaciones que tienes por tantos alrededor del mundo. ¡Qué privilegio orar por ellos! Y acabo de pensar en otro «piensa tan solo»: piensa tan solo en todas las decisiones que tienes que tomar, en todos los planes que debes hacer, en toda la administración de tu atareada vida para Dios que debes intentar. ¡Ah, cuánto necesitamos su ayuda! Y podemos orar ampliamente por todo esto.

✓ Debemos (y podemos) aprender a orar... o, al menos, ¡a orar mejor! Los mismos discípulos de Jesús se encontraban perdidos por completo, hasta que le pidieron al Maestro de la oración que les enseñara cómo orar (Lucas 11:1).

Manos a la obra con las disciplinas

Estoy en el proceso de leer un libro titulado *Ten Questions to Diagnose Your Spiritual Health* [Diez preguntas para diagnosticar su salud espiritual]. Una de las diez preguntas que el autor de este libro sugiere que nos hagamos es: «¿Las disciplinas espirituales son cada vez más importantes para mí?». Estoy segura de que te estarás haciendo la misma pregunta que me hice yo: «Y bien, ¿cuáles son con exactitud las disciplinas espirituales?». El autor Donald S. Whitney responde a nuestra pregunta de esta manera:

> Las disciplinas espirituales son los medios ordenados por Dios a través de los cuales nos acercamos a Él, lo experimentamos y nos transformamos en la semejanza de Cristo [...] Estas prácticas devocionales y santificadoras [...] [incluyen] la lectura privada de la Biblia y la meditación en ella, la oración individual, el ayuno, la práctica de estar a solas y la de llevar un diario espiritual[2].

«Oración individual». ¿Lo captaste? Entonces, debemos preguntarnos: «¿La disciplina espiritual de la oración individual es cada vez más importante?». Por lo tanto, consideremos lo que se necesita para *desarrollar* la disciplina de la oración, en especial en la vida ajetreada de todos los días que llevamos tú y yo. Veamos *cómo* podemos alimentar esta disciplina espiritual ordenada por

Dios a través de la cual, como dice el señor Whitney: «nos acercamos a Él, lo experimentamos y nos transformamos en la semejanza de Cristo». (Ahora bien, ¡eso sí que es administrar la vida a la manera de Dios! Y, ¡qué glorioso deseo, pasión y logro sería!)

1. *Haz un compromiso*: Como sucede con el desarrollo de todas las cosas buenas en nuestra vida, para ser fieles en la oración necesitamos un compromiso. Durante los diez primeros años de mi vida como cristiana, anduve a los tumbos —¡y caída!— en esta parte vital de la oración. Hasta que no hice un compromiso por escrito —en forma de oración a Dios— no logré que funcionara, por así decir, tal como exige la disciplina espiritual de la oración. Fueron palabras simples, pero le comunicaban el deseo de mi corazón a Dios y definían mi compromiso: «Deseo y me propongo pasar los próximos diez años (si es la voluntad del Señor) desarrollando una vida de oración significativa»[3].

2. *Entiende que la oración no es optativa*: No, ¡la oración es un mandamiento! Por lo tanto, me parece que tú y yo debemos proponernos orar a diario. Decide que separarás alguna porción de tiempo cada día, a solas, para orar. Pueden ser cinco minutos, diez, quince o más. En lo personal, preparo el reloj automático de la cocina de acuerdo con el número de minutos que decido orar. De alguna manera, esa acción y el sonido del tic-tac del reloj me preparan para la tarea de orar, que, por lo general, se extiende mucho más allá del sonido de la alarma del reloj. Por ahora, no te preocupes por la cantidad de tiempo. Simplemente dedica la cantidad de minutos que sea necesaria para iniciarte en este camino sagrado de la oración. Aplicaremos a la oración los dos mismos principios que usamos para la lectura de la Biblia:

Algo es mejor que nada
y
Apunta siempre a más.

Una vez que has decidido la cantidad de tiempo, acomódate en un lugar (tu lugar de oración), pon un reloj automático (si te ayuda), y al dedicarte de verdad a la tarea de la oración, pienso que descubrirás, como nos dice el dulce himno, que querrás «demorarte un poco más con Jesús». Te darás cuenta de las muchas encantadoras bendiciones y recompensas que tiene el tiempo que pasas en oración. Descubrirás que el tiempo que has separado no es suficiente, y te sorprenderás al alargarlo. Si el tiempo se te acaba y debes continuar con el resto de las tareas del día, no hay problema. ¡Lo hiciste! ¡Te encontraste con el Señor en oración! ¡Continúa con tu compromiso de oración! Diste un paso para comenzar a entretejer la disciplina de la oración en el tejido de tu atareada vida.

Amiga mía, así nace la pasión: ocupándose; y toma vuelo a través de las decisiones que hacemos, de los mecanismos que empleamos, del cumplimiento fiel de nuestros compromisos, simplemente de la diligencia que ponemos al hacerlo. De alguna manera, nuestros esfuerzos ayudan a crear el telón de fondo sobre el cual podemos disfrutar de la comunión con el Todopoderoso a través de la oración. De alguna manera, los actos que tienden a parecernos *no* espirituales provocan la realidad *espiritual* que anhelamos. Para mí es un misterio... y me resulta difícil escribir acerca de los «mecanismos» de algo tan celestial como la oración. Aunque, por favor, mantente fiel a la rutina, a la organización, a la preparación, a la administración (!)... para que se satisfagan los sentimientos de tu corazón y para que la pasión por la oración se encienda roja como una brasa ardiente.

3. *Niégate a perder un día*: Debemos procurar orar a diario de la misma manera que nos esforzamos por leer la Biblia. Como cualquier músculo, el «músculo» de la oración se debe usar con regularidad a fin de que se fortalezca. Para ser las mujeres fuertes de fe, de oración y de pasión que anhelamos ser, debemos procurar forjar, a través de la oración diaria, una cadena que no se rompa y que llegue hasta el cielo.

En nuestro último capítulo, mencioné mi «Calendario de devocionales». Utilizo este cuadro para infundir y alentar la disciplina de la lectura diaria de la Biblia, pero también lo uso como una herramienta, una vara de medir y una ayuda visual para controlar mi fidelidad hacia el compromiso de oración diario. Querida mía, sea lo que sea, se trate de trucos o aparatos, de cuadros o calendarios, de cuadernos o diarios, ¡inventa *algo* que te ayude con la disciplina de la oración diaria!

4. *Estudia las oraciones de la Biblia*: Las oraciones preservadas por siempre en la Biblia nos sirven como los mejores tutores en la oración personal. A través de estas vehementes palabras de otros, nosotras podemos aprender cómo acercarnos mejor a Dios con los muchos asuntos de nuestra vida atareada y complicada.

Recuerdo un año extraordinario que me enseñó mucho acerca de la oración. Al comenzar el primero de enero el capítulo 1 de Génesis con la meta de leer toda la Biblia en un año, mantuve cerca de mí el libro *All the Prayers of the Bible* [Todas las oraciones de la Biblia][4]. Cada día, mientras leía la Biblia, también leía los inspiradores pensamientos, comentarios y análisis escritos en aquel libro acerca de todas las oraciones que tenían lugar en mi lectura diaria de la Biblia. ¡Qué tesoro!

Otra buena fuente para un estudio así son los comentarios versículo a versículo escritos por los eruditos de la Biblia. Estos maestros proporcionan un análisis exhaustivo de los contenidos de las oraciones de la Biblia. Este ejercicio es una ayuda valiosísima para ti y para mí en nuestra vida de oración, ya que estas ayudas para el estudio nos dan una perspectiva en cuanto a los detalles de *por qué* oraba esta gente de la Biblia, *cómo* oraban, *qué* oraban y los *resultados* de esa oración. Además... ¡buenas noticias!, estos ejercicios adicionales llevan solo unos pocos minutos más por día. Por cierto, algunos pequeños esfuerzos traen recompensas grandiosas y poderosas.

5. *Estudia las oraciones de los santos a través de las edades*: Me parece que debo tener todo un estante de libros de oraciones escritas y hechas por otros. Las leo porque ellas me enseñan también cómo orar. Un volumen que (como mujer) me gusta en particular es *The Prayers of Susanna Wesley* [Las oraciones de Susana Wesley][5]. Hay dos cosas que valoro de estas oraciones. En primer lugar, Susana Wesley tenía pasión por Dios *y* por la oración. Nos abre su corazón de par en par a través de sus oraciones y meditaciones que han quedado registradas. Y, en segundo lugar, ¡esta mujer tuvo diecinueve hijos! (¡Si te parece que estaría *atareada*!) Sin ayuda doméstica, y sin la presencia de su esposo durante mucho tiempo, se ocupó de sus bebés (nueve de los cuales murieron) y de su briosa prole, y ella misma hacía las veces de maestra... Sin embargo, a pesar de todo, separaba un tiempo diario de oración. Cuando pienso en esta querida mujer y en sus complicadas circunstancias, la única conclusión a la que llego es que... ¡allá va la lista con las excusas de todas las mujeres que no pueden orar!

Tan solo una cosa más acerca de utilizar las oraciones de los demás. ¡Todos los esfuerzos de oración no resultan en bendiciones! Hay días secos cuando tu corazón está apático, cuando la mente no se concentra, cuando la lengua está atada. En lugar de renunciar a la oración en esos días (y ceder a la torpeza del corazón), cebo la bomba de la oración repitiendo una o más de estas inspiradoras oraciones de otros. De algún modo, el desahogo espiritual sincero de otros calienta mi corazón, armoniza y vuelve mi mente hacia arriba y libera mi lengua... hasta que al fin las palabras y el fervor que hay detrás de ellas se vuelven míos.

Miremos a la vida

Tengo la bendición de haber tenido en mi pasado a una mujer mayor maravillosa y piadosa que me enseñó una de las mayores lecciones para vivir y administrar la vida cristiana. Me advirtió: «Nunca te concentres en las pequeñeces».

Nunca te concentres en las pequeñeces. Querida lectora, estas seis palabras revolucionaron mi vida. Lanzaron en mí una completa reforma espiritual que continúa hasta el día de hoy. Todavía, después de todas estas décadas, evalúo cada decisión, actividad y minuto sobre la base de esta sabia norma: «Nunca te concentres en las pequeñeces». Me mueve a llevar cada actividad al Señor y preguntar en oración: «Padre, ¿esto entra en tu plan para mi vida? ¿Me ayudará a ser una mejor mayordoma de las habilidades y del tiempo que me has dado para servirte? ¿Contribuye a mi bien y al bien de otros? ¿Vale la pena que emplee mi tiempo en esto?».

Y ahora ha llegado el momento de mirar a tu vida, querida mía. ¿Cuáles son las pasiones abrasadoras de tu corazón? Evalúa tus actividades, la manera en que empleas el tiempo que te ha dado Dios. Este ejercicio revelará tus pasiones. Por ejemplo, conozco mujeres que trabajan haciendo álbumes de recortes... ¡toda la noche! También conozco mujeres que se quedan despiertas hasta la medianoche leyendo. ¿Por qué? ¡Porque la lectura es una pasión! Conozco mujeres que se quedan levantadas mirando televisión hasta tan tarde que ponen en riesgo a su familia y a su vida hogareña. (Y eso también va para las que se quedan hasta tarde en la Internet).

Amada, estas actividades son pequeñeces, y estas mujeres «se concentran en pequeñeces», algo que debemos tener mucho cuidado de no hacer.

En este libro, nos referimos, y soñamos, con una vida llevada adelante con pasión y propósito. Intentamos una mejor administración de nuestras vidas de modo que llevemos mejor a cabo el plan de Dios para nosotras. Por lo tanto, debo preguntarte, de corazón a corazón, ¿cuál es tu propósito en la vida? ¿Es crecer en Cristo de manera que sirvas mejor a Dios? ¿Es comprender el plan y el propósito de Dios para tu vida? ¿Es alimentar las disciplinas espirituales que mejor te capaciten para presentarte delante de

Dios y así ser transformada a la imagen de Cristo? ¿Vives con el temor de concentrarte en pequeñeces?

Ah, querida hermana, soy muy feliz de que una mujer cristiana madura en la fe me transmitiera este consejo; y ahora te lo transmito a ti: nunca te concentres en pequeñeces. Esta disciplina impedirá que malgastemos nuestra vida y nuestro tiempo de tanto valor que no tienen precio y que Dios nos ha dado, en actividades secundarias (inferiores y más pequeñas). *Entonces* tendremos todo el tiempo del mundo para cultivar las disciplinas espirituales en nuestra vida necesitada. *Entonces* tendremos amplio tiempo para leer y estudiar la preciosa, santa y transformadora Palabra de Dios. *Entonces* nuestra vida atareada no ofrecerá impedimentos que ahoguen el tiempo que necesitamos para experimentar a Dios a través de la disciplina de la oración. (Por cierto, *estas* son pasiones y búsquedas por las cuales vale en verdad la pena quedarse toda la noche levantada).

Y bien, ¿tienes tiempo para orar? ¿La oración es una de las pasiones en desarrollo en tu vida? Puede serlo, lo sabes, si renuncias a concentrarte en las pequeñeces a la hora de administrar tu vida y escoger cómo pasar el tiempo cada día. Haz de estas oraciones de Susana Wesley la pasión de tu propio corazón:

Por la mañana, orar para que «cada cosa que haga, la haga para el Señor».

Por la noche, orar así: «Te alabo, oh Dios, por un día bien utilizado»[6].

Segunda parte

El cuidado del templo de Dios

La administración de tu vida física

Capítulo 4

Las normas de Dios
para tu cuerpo

Vuestro cuerpo es templo del Espíritu Santo.

1 Corintios 6:19

«¡Ay, querida! ¡Sabía que esto llegaría! Y aquí está: ¡la esfera física de la vida!»

¿Este es el pensamiento que te viene a la mente cuando miras el título de la siguiente sección de nuestro libro? Bueno, no eres la única. Yo también pienso y siento lo mismo. En realidad, como escritora de este libro, hasta he pensado en muchas razones para pasar por alto este tema del aspecto físico de la vida. ¿Por qué? Porque la disciplina física es, muchas veces, la más difícil de desarrollar. Es una lucha constante. Con mucha frecuencia es un aspecto de fracaso seguro para nosotras, las mujeres atareadas. Es un terreno en el que se requiere constante mantenimiento. Además, es un asunto poco popular y una esfera en la cual varían las opiniones de las personas. ¡No cabe duda de que para algunos es como meter el dedo en la llaga!

Sin embargo, tampoco cabe duda de que llegar a tener dominio sobre el cuerpo es una parte importante en la vida de cada mujer; y, debo admitir, que se ha vuelto en algo vital para mí. ¿Por qué?

En primer lugar, debido a *mi Señor*. En la Biblia hay muchas cosas que Dios expresa desde su corazón sobre la administración de la parte física de la vida. Al final, en un punto de mi crecimiento espiritual, llegué a la siguiente conclusión: «Si la vida física es importante para Dios, debería ser importante para mí».

En segundo lugar, debido a *mi familia*. Sencillamente, ¿cómo logramos realizar todas esas tareas de la casa? ¿Cómo se construye y se mantiene una casa que funcione bien y que honre a Dios? ¿Cómo se planean las comidas de toda la vida para hacer las compras, prepararlas y presentarlas con amor de una manera que resulten atractivas al ojo dos o tres veces al día? ¿Cómo se nutren y desarrollan las relaciones afectuosas? ¿De qué manera todos en la familia (incluyendo a la familia extendida) reciben oración, cuidado, amor, transportación y atención? ¿Cómo se da todo lo que Dios espera que sus mujeres den? De algún modo, la respuesta parece reducirse a la energía, no solo la espiritual (como aprendimos en los capítulos previos), sino también de la energía *física*.

En tercer lugar, se encuentra todo el terreno de *mi ministerio* hacia los demás en el cuerpo de Cristo. Dios nos ha dotado como cristianos para ministrar... y espera que lo hagamos a través del uso de nuestro servicio y de nuestros dones espirituales (1 Corintios 12 y Romanos 12). Entonces... si añadimos el ministerio y el servicio en la iglesia a las otras tareas que Dios tiene para nosotras, corremos el riesgo de perder el equilibrio si no nos ocupamos de la esfera física de nuestra vida.

¿Cuál es la respuesta para nosotras, las mujeres atareadas? Pues bien, tanto tú como yo sabemos que la respuesta es *Dios*. Él tiene las respuestas y las puso en su Palabra junto con las importantísimas formas de llevar a cabo estas disciplinas. Por lo tanto, es hora de descubrir qué tiene Dios que decirnos a nosotras, sus mujeres, en el aspecto físico. Descubramos las instrucciones que Él nos da. Después de todo, deseamos hacer y ser lo que Él quiere que hagamos y seamos.

1. Tu cuerpo es un templo.

Dwight L. Moody, predicador de antaño y fundador de la famosa iglesia *Moody Memorial* y del Instituto Bíblico, dijo que el secreto de la disciplina es la motivación, que cuando una persona se encuentra lo bastante motivada, la disciplina se cuida a sí misma.

Pues bien, aquí tenemos un concepto que nos proporcionará la motivación a nosotras las mujeres cristianas: tu cuerpo es un templo. Y no cualquier templo. Como exclamó el apóstol Pablo al escribirles a los corintios que se encontraban envueltos en inmoralidad: «¿O ignoráis que vuestro cuerpo es templo del Espíritu Santo, el cual está en vosotros, el cual tenéis de Dios, y que no sois vuestros?» (1 Corintios 6:9).

Como cristianas en cuyo corazón y cuerpo mora Jesucristo, somos templos del Espíritu Santo (1 Corintios 3:16). Pablo se refirió a los cristianos como un templo al hablarles a los corintios porque en sus días el templo de la diosa Afrodita se encontraba en Corinto. Más de mil prostitutas ayudaban a que la relación sexual formara parte de la adoración en el templo de Afrodita. Por lo tanto, como el Espíritu ocupa lo que le pertenece, los cristianos no tenían, y no tienen, nada que ver con los pecados sexuales, por más populares o frecuentes que sean en la cultura del momento.

Entonces, ¿qué nos dice esto a ti y a mí, mujeres cristianas de hoy? ¿Cuál sería el efecto que debería causar en nosotras albergar al Espíritu Santo en nuestros cuerpos, que ellos sean templos de Dios? Aquí tenemos una pequeña lista de control que nos ayudará a ocuparnos mejor de los templos de Dios que son nuestros cuerpos.

✓ *Contrólate*: Debes controlar con diligencia todo lo que haces, ves, escuchas, piensas, comes y eliges. Para mantener santo al templo del Espíritu de Dios, debemos seguir la sabiduría de Proverbios 4. Mientras transitamos por una porción de este pasaje, no dejes de notar la intensidad de los verbos, a los que le precede el sujeto tácito «tú».

Guarda tu corazón; porque de él mana la vida.

Aparta de ti la perversidad de la boca, y aleja de ti la iniquidad de los labios.

Tus ojos *miren* lo recto, y diríjanse tus párpados hacia lo que tienes delante.

Examina la senda de tus pies, y

todos tus caminos *sean* rectos.

No te desvíes a la derecha ni a la izquierda;

aparta tu pie del mal (versículos 23-27).

✓ *Camina en rectitud*: ¿Cómo comienza un camino de rectitud? Evadiendo todas las tentaciones, incluso los *comienzos* del mal y de la falta de rectitud. Proverbios 4 nos da algunas instrucciones más acerca de este valioso andar. Por cierto, podríamos titularlo «Cómo caminar en rectitud». Una vez más, ¡fíjate en la urgencia de los marcados mandamientos!

No entres por la vereda de los impíos,

Ni vayas por el camino de los malos.

Déjala, no pases por ella;

Apártate de ella, pasa (versículos 14-15).

✓ *Evita el pecado sexual* (1 Corintios 6:13): Nunca subestimes el poder y la capacidad para destruir del pecado sexual. Ha derribado a numerosos gigantes de la fe, arruinado a incontable cantidad de vidas y devastado a más de un matrimonio y de una familia. Como hija de Dios, eres miembro de Cristo y estás unida al Señor (versículos 15 y 17). Por lo tanto, el pecado sexual profana a nuestro Señor Jesucristo. En su lugar...

✓ *Llena tu «templo»* con la hermosura de la santidad (Salmo 29:2): Como escribió otro predicador de antaño: «La santidad es el plan arquitectónico sobre el cual Dios edifica su templo viviente»[1]. Jonathan Edwards consideró que la hermosura de la santidad es «lo más grande y lo más importante del mundo [...] porque no existe otra verdadera excelencia ni belleza».

Querida mía, cuando otros miran tu vida y el estilo que te caracteriza, ¿ven la hermosura de la santidad? ¿Observan el comportamiento de una mujer en verdad piadosa que es «reverente en su porte» (Tito 2:3)? Y, mientras escudriñas tu propia mente y corazón, ¿existen tal vez algunas actitudes y prácticas que necesitas «aplazar» y «sacrificar»? El Nuevo Testamento nos llama a «hacer morir», fornicación, impureza, pasiones desordenadas y malos deseos (Colosenses 3:5). Un caballero tomó esta decisión en cuanto a su «templo»:

> Hay muchas actividades que debo cortar sencillamente porque deseo descollar en mi búsqueda de Dios y de la santidad[2].

2. Tu cuerpo no te pertenece.

Por error pensamos que podemos hacer lo que se nos antoje con nuestros cuerpos. Llegamos a la falsa conclusión de que, después de todo, nos *pertenecen*.

Sin embargo, la verdad es que nuestros cuerpos le pertenecen a Dios y no son nuestros. Las palabras de Pablo nos hablan a gritos a través de los siglos, exclamando una especie de atónito y punzante: «¿Qué?». Con incredulidad pregunta: «¿O ignoráis que vuestro cuerpo es templo del Espíritu Santo, el cual está en vosotros, el cual tenéis de Dios, y que *no sois vuestros*? (1 Corintios 6:19).

Como lo explica Pablo: «Pero el cuerpo [...] es [...] para el Señor» (versículo 13). Esto quiere decir que, como creyentes, Dios diseñó nuestros cuerpos para *sí mismo* y para *sus* propósitos, no para los nuestros. El cuerpo del creyente debe ser el instrumento del Señor, y se debe usar para *Él* y para *su* gloria (versículo 20).

Por lo tanto, querida mía, Dios nos llama a vivir de acuerdo con sus reglas y de tal manera que le demos gloria a Él; eso es lo que espera de nosotras y lo que nos ordena.

Te lo explicaré de esta manera. ¿Alguna vez viviste en la universidad o compartiste un apartamento con otra mujer, o estuviste en un lugar de campamento? En estos ambientes, es muy probable que hayas ayudado a crear un conjunto de reglas o que te las hayan dado en casa. Pues bien, incluso en el hogar, es probable que tus padres tengan reglas. Lo mismo sucede con nosotras como cristianas. Como tu cuerpo le pertenece a Dios y es su casa, un templo que alberga a su Espíritu Santo, debes vivir de acuerdo con las reglas de Dios, las reglas del Propietario. No debes violar las reglas establecidas por el Propietario de la casa o del templo.

¿Y cuáles son algunas de las reglas de la casa de Dios? ¿Cuáles son algunas de sus reglas para que gobernemos nuestros cuerpos que albergan al Espíritu Santo y que son los templos de Dios? Para comenzar a descubrir su voluntad, aquí tenemos una breve lista de reglas de la casa para tu cuerpo (que es, como hemos aprendido, *su* cuerpo).

- Huye de la inmoralidad sexual (1 Corintios 6:18).

- Huye de las pasiones juveniles (2 Timoteo 2:22).

- No ames al mundo...

- ... ni las cosas que están en el mundo (1 Juan 2:15).

- Absteneos de los deseos carnales (1 Pedro 2:11).

- Absteneos de toda especie de mal (1 Tesalonicenses 5:22).

¡Confío que vayas captando el cuadro!

También me imagino que te estarás preguntando por qué tu cuerpo no te pertenece, por qué le pertenece al Señor. Pues bien, aquí tenemos la respuesta de Dios:

3. Tu cuerpo se ha comprado por un precio.

El Espíritu Santo ocupa solo lo que le pertenece. Y, amada, Dios ha obtenido tu cuerpo a un costo tremendo. Te ha comprado para que le pertenezcas. Tu cuerpo se ha comprado por un precio... y Jesucristo pagó el precio para que fueras suya (1 Corintios 6:20). ¿Cómo se pagó ese precio? Con la preciosa sangre de Cristo (1 Pedro 1:18-19). Por lo tanto, preciosa hermana, como cristianas, no nos pertenecemos. De ninguna manera somos *suyas* (1 Corintios 6:20 y Juan 13:1). Así es que, como alguien ha señalado, tu cuerpo ha sido «comprado por Cristo y es santificado por la presencia de Dios mismo a través de su Espíritu Santo. Así que debemos santificarlo también [...] viviendo la vida del Espíritu, una vida de santidad»[3]. Por lo tanto...

4. Debes glorificar a Dios en tu cuerpo.

Nuestro principal objetivo en la vida es honrar a Dios. Esa es la razón de este libro, querida lectora, que aprendamos a administrar nuestras vidas para la gloria de Dios. Con seguridad, en el corazón de toda mujer que desea vivir de acuerdo con el plan de Dios para su vida con pasión y propósito existe la pasión de glorificar a Dios. Por cierto, tenemos el llamado a glorificar a Dios en todos los aspectos de la vida: «Si, pues, coméis o bebéis, o hacéis otra cosa, hacedlo todo para la gloria de Dios» (1 Corintios 10:31), y de forma específica: «glorificad, pues, a Dios en vuestro cuerpo» (1 Corintios 6:20). Sin duda, el cuerpo es una parte muy significativa de nuestras vidas y se debe administrar para la gloria de Dios. Cuando administramos nuestros cuerpos de manera adecuada, es decir, como Dios quiere, lo honramos a Él. Y, de paso, honrar a Dios es una gran motivación a la hora de dominar las disciplinas que se necesitan en el aspecto físico.

Es aleccionador darnos cuenta de estas pocas verdades acerca de la esfera física de la vida: que nuestros cuerpos no nos pertenecen sino que se han comprado por un precio, que son los templos del Espíritu Santo y podemos (y debemos) usarlos de manera que glorifiquemos a Dios. Eso quiere decir que cada acto pecaminoso que cometemos con nuestro cuerpo como creyentes se comete en el santuario de Dios, su templo. Tal vez debamos hacer como sugiere Robert Munger, el creador de la clásica y eterna alegoría «Mi corazón, el hogar de Cristo»[4], e ir por nuestro «templo», habitación por habitación, para limpiarlo de arriba abajo de tal manera que la belleza de la santidad se encuentre presente en realidad y que sea evidente. ¿Cuáles son esas habitaciones?

— El estudio. ¿Hay algún material de lectura en tu biblioteca que los ojos de Cristo, debido a su impecable pureza, no puedan mirar? ¿Por qué no sustituirlos con los libros de la Biblia? Llena los estantes de tu biblioteca con la Palabra de Dios y con libros que hablen de ella.

— El comedor. Esta, explica Munger, es la habitación de los apetitos y deseos. ¿Te alimentas con una dieta adecuada para un hijo del Rey, con comida que alimente tu alma y satisfaga tu apetito espiritual? ¿Qué provisiones hay allí que no debería estar... y qué nutrientes debería haber y no los hay?

— La sala. De acuerdo con esta encantadora metáfora, la sala es el lugar en el que debemos encontrarnos una mañana tras otra a fin de tener nuestros tiempos devocionales llenos de comunión con Cristo. ¿Tienes abandonada esta habitación y no entras con la debida frecuencia?

— El taller. Como le hace preguntar el autor a Jesús: «¿Qué estás produciendo con tu vida para el reino de Dios?». ¿Produces juguetes, equipos? ¿Desperdicias el tiempo que Dios te da trabajando en pasatiempos o te ocupas con constancia en el negocio de producir una obra de arte con tu vida para la gloria de Dios? Después de todo, eres hechura suya (Efesios 2:10).

— La sala de recreación. ¿Qué comprenden tus actividades y recreaciones? ¿Con quién te recreas? ¿Qué miras y escuchas? ¿Cristo podría formar parte de tu «diversión»?

— El dormitorio. Aquí Cristo le habla al lector soltero sobre la relación sexual prematrimonial y las relaciones con el sexo opuesto. Si no estás casada, ¿te mantienes «santa así en cuerpo como en espíritu» (1 Corintios 7:34)? Y si estás casada, ¿te cuidas en tu pureza con los otros hombres y en la fidelidad a tu cónyuge?

— El armario. Con habilidad, el autor hace que Cristo al final pida entrar a un pequeño lugar cerrado con llave que contiene unos pocos desechos de la vieja vida que son nuestros predilectos y que todavía debemos eliminar. ¡Pido en oración que no haya nada en tu vida que debas guardar en forma oculta en un sitio así en tu «casa»!

¿Te parece demasiado difícil, demasiado pesado hacer de tu corazón y de tu cuerpo el hogar de Cristo? ¿Te parece del todo imposible llenar tu «templo» con la hermosura de la santidad? Tanto tú y yo como mujeres de Dios «nunca debemos permitir que nada ni nadie que no sea Jesús domine nuestras vidas»[5]. Mediante la inmensa gracia de Dios y su ayuda oportuna somos capaces de presentarle un cuerpo que esté dedicado a Él, listo (y en condiciones) para servirle, que procure honrarle, que sea un sacrificio vivo (Romanos 12:1).

Pues bien, paciente lectora, hemos logrado revisar varias de las pautas de Dios para el cuerpo. Hay otras, pero estas son las más poderosas para motivarme en esta esfera de la vida física. Si solo viviéramos a la luz de que nuestros cuerpos son el templo de Espíritu Santo, nuestra vida diaria mejoraría, cambiaría y se transformaría. Si recordamos esta *sola* verdad al comienzo de cada día, que nuestros cuerpos son templos del Espíritu Santo, sin ninguna duda los ajetreados días de nuestra vida se llenarían con una pasión mayor hacia nuestro valioso Señor. Y luego, si añadimos el hecho de que no somos nuestras, sino que nos compraron por un precio, no podemos evitar el deseo ardiente de cumplir con nuestra obligación de servir con fidelidad a nuestro Maestro durante todos los atareados minutos de cada atareado día de nuestra vida.

Por lo tanto, querida mía, deberíamos ocuparnos en la tarea de «santificar» a Dios el Señor en nuestros cuerpos y corazones (1 Pedro 3:15). Hacerlo significa venerar a Cristo como Señor y rendirle la más alta reverencia. También debemos consagrarnos, separarnos y dedicarnos al Señor. Debemos honrarle con cada faceta de nuestra vida, incluyendo nuestro cuerpo. Como concluye Pablo, tú y yo debemos «[glorificar], pues, a Dios en vuestro cuerpo y en vuestro espíritu, los cuales son de Dios» (1 Corintios 6:20).

Ahora bien, preciosa hermana, ¿ya sientes la reverencia, el respeto, el sobrecogimiento y la magnitud que tiene el hecho de que tu cuerpo sea de Dios? Pido en oración que así sea... y también oro para que junto con esa revelación venga la disposición de dar el siguiente paso y poner en práctica esta verdad con un conjunto personal de disciplinas. Así que, sigamos adelante. Como dijo la escritora y conferenciante Elisabeth Elliot:

La disciplina, para un cristiano, comienza con el cuerpo.

Capítulo 5

Diez disciplinas para la administración de tu cuerpo
Primera parte

Glorificad, pues, a Dios en vuestro cuerpo.

I CORINTIOS 6:20

Mi yerno, Paul (el Paul que está casado con mi hija Courtney) es submarinista de la Armada. Eso quiere decir que por rutina lo enrolan durante tres meses seguidos. (Imagínate lo que es estar sin tu esposo durante noventa días... ¡y con tres preescolares!). Sea como sea, durante la última ausencia de Paul, Courtney se unió a los *Weight Watchers* [Los que cuidan el peso] para liberarse de los kilos que, de manera previsible, se acumulan luego de tener tres bebés (que, de paso, ¡son los más hermosos y listos de todo Washington!).

Para Jim y para mí es una alegría inmensa cuidarle los niños una noche a la semana a nuestra hija para que asista a sus reuniones de los *Weight Watchers* y además logre controlar su peso. Eso quiere decir que todas las semanas somos los primeros en escucharla contar con entusiasmo las buenas noticias de su pérdida de peso semanal.

Con todo, cada semana Jim y yo también hemos notado un notable cambio en otros aspectos de la vida de Courtney: su actitud, su nivel de energía y su productividad suben de forma notable a medida que su peso baja. Esta única disciplina de cuidar lo que come ha creado una explosión en otras disciplinas de la vida de nuestra hija. No me interpretes mal. Courtney ya es una esposa, madre, ama de casa y administradora maravillosa y disciplinada. Aun así, ella también está de acuerdo en que al aumentar la disciplina en esta esfera de su vida, otras esferas también han cobrado energía.

Lo mismo sucede con nosotras, querida amiga. Tal vez no queramos admitirlo (o no deseemos admitirlo), pero la administración de nuestra vida física tiene un efecto dominó sobre todas las esferas de nuestra vida. Por lo tanto, veamos algunas de las disciplinas para administrar nuestro cuerpo que permitan cosechar una actitud mejor, una mayor energía y una creciente productividad en nosotras, mujeres atareadas que deseamos cumplir con el plan de Dios para nuestras vidas... ¡y que *debemos* cumplirlo!

1. Ora por un cuerpo sano.

Administrar tu vida para Dios es una tarea, una responsabilidad y una mayordomía espiritual. Y como nuestras vidas incluyen al cuerpo, también debemos ejercer la administración sobre él. Por lo tanto, la administración del cuerpo entra dentro del terreno espiritual, y eso quiere decir que tú y yo debemos orar con sinceridad y constancia por nuestros cuerpos. Como hacía el apóstol Pablo, debemos orar para no quedar eliminadas en lo espiritual debido a un cuerpo descontrolado (1 Corintios 9:27).

¿Estás tratando de perder unos kilos? Entonces ora por los más de veinte encuentros con la comida a los cuales, según los estadísticos, debemos enfrentarnos cada día.

¿Estás tratando de hacer un poco de ejercicio? Entonces ora para permanecer fuerte en espíritu cuando llega la hora... ¡y estás taaaaaan cansada!

¿Estás aprendiendo a elegir mejor la comida? Entonces ora (*antes* de «tropezar» con tu comida, como hacían los pecadores israelitas) para seguir adelante con lo que sabes que te hará sentir mejor, vivir mejor y ser una sierva de Dios y de los demás.

¿Estás tratando de romper el mal hábito de quedarte levantada hasta muy tarde en la noche (lo que a la mayoría de las mujeres las lleva casi siempre a masticar bocadillos luego de haber cenado)? Entonces ora para ponerte el pijama e irte a la cama al menos un poco más temprano. (Esa es la mitad de la batalla. Y no olvides lavarte los dientes temprano, también. Eso es una fuerza disuasoria casi segura para no seguir comiendo).

¿Estás luchando contra una enfermedad? Entonces ora, en primer lugar, para que la fuerza de Dios se perfeccione y manifieste en tu debilidad (2 Corintios 12:9-10). Luego ora para que Dios te guíe a los médicos idóneos, a los terapeutas físicos adecuados, a los nutricionistas, a los medicamentos y a los libros que te ayuden a pelear mejor una batalla. También ora a Dios para que te provea de personas que se acerquen y te levanten el ánimo al mismo tiempo que te asisten en el aspecto físico.

Podría seguir y seguir presentando situaciones de la vida real, pero es evidente que la oración es un arma espiritual poderosa que podemos manejar para administrar nuestras vidas de manera tal que Dios sea glorificado. A esta altura, espero que comprendas que tanto para levantarte temprano y encontrarte con el Señor, como para cuidar de tu familia, trabajar en tu empleo o servir en un ministerio, se necesita salud, energía y resistencia.

En lo personal, he estado en una búsqueda de salud, energía y resistencia desde que tenía treinta y tres años. Fue entonces cuando me di cuenta (¡gracias a mi espejo!) de que los días de mi juventud habían pasado en serio, que la fuerza de gravedad estaba comprobando su poderosa atracción, y que la fuerza y la resistencia que alguna vez surgían con facilidad comenzaban a consumirse. Fue entonces cuando comencé a orar por un cuerpo sano. Y junto con mi devoción de orar por esto, vino más vigilancia, más disciplina, más determinación y más dedicación. Cuanto más oraba y buscaba la sabiduría y la ayuda del Señor, más consciente era del plan de Dios para mi vida en la esfera física. Y cuanto más oraba, más disfrutaba de los muchos beneficios maravillosos que provienen de cuidar el cuerpo y la salud.

Nuestra vida espiritual influye de modo radical en nuestra vida física. Es por eso que ubiqué la administración de la esfera física de la vida justo a continuación de la espiritual, y pienso que 3 Juan 2 lo confirma. Por lo general, este versículo se usa y se interpreta mal. El apóstol Juan le escribe a su «amado Gayo» para elogiarlo por su generosa hospitalidad y su continua fe. Escucha el saludo de Juan: «Amado, yo deseo que tú seas prosperado en todas las cosas, y que tengas salud, así como prospera tu alma».

Ahora, escucha los comentarios del erudito John MacArthur acerca del saludo del apóstol Juan, que resalta la convincente condición espiritual de Gayo: «El estado espiritual de Gayo era tan excelente que Juan oraba para que su salud física estuviera a la par de su vigor espiritual»[1].

Amada, *yo*, Elizabeth George, oro para que *tú* seas prosperada en todas las cosas y tengas salud, así como prospera tu alma.

2. Reconoce el pecado.

A primera vista, podemos pensar que esta no es una disciplina importante... ¡pero sí lo es! La Biblia está llena de ejemplos de cómo se afecta la vida física por la condición espiritual. Escucha a David cuando da un testimonio vívido de lo que le sucedió a su cuerpo cuando no reconocía su pecado.

> Mientras callé, se envejecieron mis huesos
> En mi gemir todo el día.
> Porque de día y de noche se agravó
>   sobre mí tu mano;
> Se volvió mi verdor en sequedades de verano
>   (Salmo 32:3-4).

Ahora, fíjate en la decisión voluntaria de David de confesar su pecado.

> Mi pecado te declaré,
> y no encubrí mi iniquidad.
> Dije: Confesaré mis transgresiones a Jehová;
> Y tú perdonaste la maldad de mi pecado
> (versículo 5).

¿Y el resultado? Fíjate en el cambio que se produce en el corazón de David... ¡y en su lenguaje!

> Alegraos en Jehová y gozaos, justos;
> Y cantad con júbilo todos vosotros los rectos de
> corazón (versículo 11).

Jamás debemos dudar, ni por un segundo, ¡que nuestra condición espiritual afecta nuestra vida física! Al tratar con el pecado, ganamos una medida mayor de vitalidad física y de salud que alimenta la vida y el plan que Dios tiene en mente para cada una de nosotras. La pasión por Dios debería traducirse en una pasión por enfrentar el pecado. Y tengamos cuidado si declina esa pasión. Como les escribió Pablo a los corintios que participaban de la Cena del Señor «indignamente», con pecados sin confesar y a los cuales no habían renunciado: «Porque el que come y bebe indignamente, sin discernir el cuerpo del Señor, juicio come y bebe para sí. Por lo cual hay muchos enfermos y debilitados entre vosotros, y muchos duermen [están muertos]» (1 Corintios 11:29-30). Es verdad, la confesión puede ser mala para la reputación... ¡pero sin duda es buena para el alma!

3. Camina en el Espíritu.

Me hace muy feliz pensar que tenemos ayuda (ayuda *espiritual*) cuando se trata de la esfera física de nuestra vida. Sencillamente no podemos hacerlo por nuestra cuenta. El tironeo del pecado y de la carne son demasiado fuertes.

La ayuda de Dios está a disposición de nosotros los cristianos cuando hacemos como enseña el apóstol Pablo y «andamos en el Espíritu». ¿Y qué sucede cuando andamos en el Espíritu? Pablo nos da la respuesta: «no satisfagáis los deseos de la carne» (Gálatas 5:16). En cambio, recibimos el poder del «fruto del Espíritu [...] templanza» (versículos 22-23). La templanza es una clave importantísima para administrar toda la vida, incluso la física. Y la templanza sobrenatural de Dios está a nuestra disposición cuando andamos en el Espíritu. Cuando prestamos atención a las normas de Dios, perseguimos la obediencia y lo miramos para recibir fuerza y gracia, Él nos ayuda en cualquier situación a fin de enfrentar todas las tentaciones. Esto incluye a cada uno de los aspectos de la vida: lo que comemos y bebemos, lo que hacemos y pensamos.

Por lo tanto, mi amiga, en lugar de tener una pasión por la comida, por el placer, por la holgazanería, por la gratificación propia y las cosas de este mundo (1 Juan 2:15), procuremos andar en el Espíritu y sentir pasión por desear lo que Dios desea para nuestra vida más de lo que nosotras deseamos. No nos crearon para vivir como nos plazca. No nos hicieron para tener lo que deseamos. Y no tenemos derecho a vivir nuestra vida de la manera que se nos antoje. ¿Por qué? Porque, como hemos aprendido, no nos pertenecemos, sino que nos compraron por un precio. Por lo tanto, como mujer *de Dios*, me crearon para llevar una vida de negación propia y autocontrol, de tal manera que el plan *de Dios* para mi vida se lleve a cabo.

Entonces viene el placer... ah, el placer que proviene de vivir de acuerdo con la voluntad de Dios. No existe una satisfacción mayor que ser todo lo que Dios quiere que seas.

4. Disciplina tu cuerpo.

Escucha una vez más a Pablo. Escribe: «sino que golpeo mi cuerpo, y lo pongo en servidumbre, no sea que habiendo sido heraldo para otros, yo mismo venga a ser eliminado» (1 Corintios 9:27). ¿Qué quiere decir? Otras traducciones hablan de «disciplina» cuando aquí se usan las expresiones de golpear el cuerpo y ponerlo en servidumbre[2].

Parece terrible, ¿no es cierto? Aun así, esta es la escena: Pablo representa la vida como una batalla y su cuerpo es un oponente, un enemigo. Por consiguiente, se disciplinaba y se entrenaba a sí mismo. Procuraba dominar su cuerpo. Practicaba la abnegación como un atleta, negándose a perder el tiempo, a ser perezoso o a quedarse atrás. Deseaba estar en forma para la batalla. En resumen, luchaba con vigor con el propósito de ganar la batalla contra su cuerpo para así ganar la batalla mayor de servir con éxito a Dios.

Sin embargo, amiga lectora, el secreto de la disciplina de Pablo era una meta: deseaba agradar a Dios, y deseaba alcanzar esa meta de agradar a Dios con tantas ansias que no había ningún precio a pagar que fuera demasiado alto. Deseaba poner en práctica el plan de Dios para su vida. Deseaba comprender la voluntad de Dios para su vida. Deseaba las decisiones buenas, las mejores, las óptimas. Deseaba «ganar la carrera» y temía fracasar.

Entonces, ¿cómo nos unimos a la pasión de Pablo y comenzamos a disciplinar también nuestro cuerpo? Ya hemos mencionado varias maneras infalibles: orar para ser disciplinadas y andar en el Espíritu en obediencia. Y aquí tenemos otra: como mujeres cristianas, tenemos el llamado a ser templadas. Eso quiere decir que debemos vivir con moderación. Debemos desarrollar una actitud desapasionada hacia la comida, las pasiones, las posesiones y las emociones. Nada debe controlarnos. En su lugar, debemos tener control sobre todo. (Y gracias sean dadas a Dios por proveernos la gracia del dominio propio).

Entonces, digamos *no*. ¡Inténtalo! La próxima vez que desees una porción mayor de alguna comida tentadora, o una segunda porción, dile a tu cuerpo que *no* y pasa de largo. La próxima vez que quieras holgazanear en la cama después que el despertador haya sonado, dile a tu cuerpo que *no* y levántate. La próxima vez que te encuentres preparando el programa para el día, un programa que crees que te ayudará a poner en práctica el plan de Dios para tu atareada agenda, y una amiga te llame y te diga: «¡Hola! ¿Por qué no nos reunimos? ¿Quieres venir? ¿Quieres que nos veamos para almorzar?», con gracia dile que *no*, programa otro momento en el futuro para encontrarse y sigue fiel a tu plan.

Poner en práctica el plan de Dios para tu vida requiere disciplina de ti misma y de tu cuerpo. Es necesario que te obligues, que te niegues. Entonces... ¡ponte *en* carrera! *Corre* la carrera. Córrela *para ganarla*.

Y recuerda estas pocas cosas en el camino:

- ✓ Cristo no dijo «satisfácete». Dijo «niégate a ti mismo» (Mateo 16:24).

- ✓ George Mueller dijo una vez: «No puedo cuidar de mi alma, Dios se puede hacer cargo de eso; pero de mi cuerpo debo cuidar yo»[3].

- ✓ Y, ah, sí... Pablo no dijo que «golpees» tu cuerpo (¡como si lo hicieras en un bufé!). Dijo que «golpearas» tu cuerpo (¡como en sujeción!).

5. Haz ejercicio con regularidad.

Aunque no lo creas, esta semana, los expertos del canal del clima cambiaron sus funciones y se convirtieron en «expertos del buen estado físico», y comentaron algunas cosas sobre el ejercicio y la salud. El reportero comentó que los estudios han comprobado que la gente que hace ejercicio, aunque sea algunos minutos al día, experimenta menos enfermedades.

Esta declaración me hizo pensar en este punto en particular de nuestro capítulo sobre las disciplinas del cuerpo. Parece confirmar el consejo de Pablo a su joven protegido, Timoteo, que existe tal cosa como una piedad saludable y práctica, que «el ejercicio corporal para poco es provechoso» (1 Timoteo 4:8). Pablo explica que, en tanto que la piedad es buena para *todas* las cosas, el ejercicio corporal nos ayuda y beneficia un *poco* mientras estamos aquí en la tierra. Entrenar el cuerpo es bueno, útil y hasta esencial, y sin duda, tiene valor. ¿Cuáles son algunos de los beneficios que otorga un poco de ejercicio?

Te verás mejor, te sentirás mejor y disfrutarás de una salud mejor y de mayor energía física, la cual tiende a aumentar la energía emocional y mental. Tendrás que cargar con menos peso, lo que se traduce en menos trauma para tus articulaciones, en un mayor deseo de participar en la vida y en más energía para servir y para dar a otros. Y ¿qué me dices de estos dos beneficios adicionales?: dormirás mejor y, como dijo el reportero, serás menos propensa a las enfermedades.

En el capítulo anterior hablé acerca de mi momento crítico a los treinta y tres años. ¿Qué hice con respecto a la cuesta abajo que estaba tomando mi cuerpo? Hice el ejercicio más sencillo de todos: comencé a caminar. En algún lugar leí que si uno camina veinte minutos diarios, cuatro días a la semana, pierde seis kilos al año... ¡sin siquiera cambiar los hábitos de comida! Así que comencé a caminar. Y amiga, ¡todavía sigo caminando!

¡Es un tiempo glorioso! Si me encuentro afuera, puedo contemplar la creación de Dios. He visto cómo entran y salen las estaciones, los cambios en la vegetación, las alteraciones en la atmósfera. He visto salidas de sol, puestas de sol, formaciones de nubes que eran demasiado asombrosas como para describirlas. He saboreado el sol, el viento, la lluvia, el frío y el calor. Y los que me acompañan en mis caminatas son los versículos que tengo en la memoria, que he memorizado y repasado... que transforman el ejercicio físico en ejercicio espiritual. Y si camino dentro de casa en nuestra caminadora, me doy otros gustos. Tengo vídeos y casetes con enseñanzas de la Biblia que me mantienen andando... y creciendo en el Señor.

Espero que te des cuenta de la importancia que tiene el ejercicio. Pablo lo incluyó en sus recomendaciones... y también lo hizo el canal del clima... y también lo recomiendo yo. Espero que comprendas el valor que tiene el ejercicio regular como parte de una administración exitosa de la vida y del bienestar físico. Se necesita resistencia y energía para poner en práctica el plan de Dios para nuestra vida. Y esa resistencia y energía se incrementan a través del ejercicio regular.

La mayoría de las mujeres que conozco están de acuerdo en que el ejercicio es importante. Y aceptan que debería formar parte de sus días y de sus vidas en forma regular, pero muchas no lo hacen realidad. Por lo tanto, hazte la pregunta: ¿es el ejercicio en verdad importante para ti? Si es así, ¿qué harás para encontrarle lugar dentro de tu rutina?

Debido a mi estilo de vida, he decidido que el mejor momento para hacer ejercicio es, en realidad, el peor de todos: al final de mis largos días. Todos son largos, atareados, cargados y hasta agotadores. Y al final de ellos, admito, ¡estoy cansada! Lo primero que pienso es ponerme el pijama, encender la frazada eléctrica e irme a dormir. Sin embargo, como la disciplina física se ha convertido en un estilo de vida, elijo el peor momento del día y lo transformo en mi momento para hacer ejercicio. ¿Y sabes una cosa? Cuando termino, he renovado la energía y me siento motivada a hacer lo que menciono en mi libro acerca de la mujer de Proverbios 31: «un poquito de trabajo nocturno»[4]. Sé que estás ocupada, pero escoge un momento, aunque sea el peor, y comienza a hacer ejercicio con regularidad. Te sentirás mejor. Tu familia también se beneficiará. Además, serás más productiva. Y Dios recibirá honra mientras pones en práctica su plan para tu vida con pasión y propósito... ¡y energía!

Miremos a la vida

¡Vaya! Al echar una mirada a lo que estamos aprendiendo acerca de disciplinar nuestra vida física, se hace evidente lo esencial que es la disciplina para poner en práctica el plan de Dios para nuestra vida. Ya hemos analizado cinco prácticas principales que podemos incorporar y que mejorarán nuestro servicio a Dios y a los demás: la oración, el tratamiento del pecado, el andar en el Espíritu y la disciplina de ejercitar nuestro cuerpo. ¡Y hay más!

Aun así, detengámonos en este instante. Volvamos a leer este capítulo. Piensa en lo que aprendimos. Marca las disciplinas en las que deseas mejorar. ¡Luego ora! Ora por tu vida. Ora por tu cuerpo. Ora por tu nivel de energía. Ora por tu actitud hacia la vida y el trabajo, y ora por tu productividad.

Y luego, prepara tu corazón para descubrir en el próximo capítulo cinco maneras más de administrarte a ti misma y de administrar tu cuerpo para una mayor piedad.

Enero
Vier | *Sábado*
5 | 6
7
Sábado
12 | 13
Sábado
20
21
26 | 27

*C*apítulo 6

*D*iez disciplinas para
la administración
de tu cuerpo
Segunda parte

Glorificad, pues, a Dios en vuestro cuerpo.

1 CORINTIOS 6:20

En el capítulo anterior, traté de comentar muchos de los maravillosos beneficios que mi hija Courtney está cosechando al prestar atención a su vida física, y de manera más específica, a los hábitos alimenticios. Así es, Courtney está recibiendo gran bendición de sus esfuerzos. Así que, mi amiga, tengo que transmitirte otra bendición más: Jim y yo también hemos sido muy bendecidos. ¿Cómo? Quedamos tan impresionados por lo que vimos en la vida de Courtney que nos sentimos motivados y estimulados a hacer lo mismo. Deseábamos lo que ella tenía. Así que nos remangamos, pusimos manos a la obra y comenzamos a modificar nuestros hábitos de comida. Ahora, nosotros también estamos cosechando algunos de los beneficios de los que disfruta ella. Nosotros también estamos experimentando la energía, los cambios de actitud y la productividad que son posibles para todos los que administran su cuerpo como Dios quiere. (¿Quién sabe? Tal vez nuestras disciplinas influirán en alguna otra persona. ¿Quién sabe? ¡Tal vez influirán en ti!)

Ahora, veamos cinco disciplinas más para poner en práctica.

6. Procura dormir y descansar bien.

«¿Qué está sucediendo?» Esa fue la pregunta que me hizo el médico cuando aparecí en su oficina... otra vez... quejándome de un problema en la garganta que se estaba volviendo crónico.

Con sus palabras resonando en mi mente, yo también comencé a preguntarme: «¿Qué está sucediendo?». Pues bien, fui a casa e hice una lista y he aquí lo que sucedía en aquel momento de mi vida:

Domingo: Toda la mañana en la iglesia (cantaba en el coro en dos reuniones) y toda la noche en la iglesia.

Lunes: Todo el día preparando la clase bíblica para mujeres y toda la noche enseñando en la clase bíblica.

Martes: Todo el día (¡y toda la noche!) preparando una conferencia de estudio bíblico.

Miércoles: Toda la mañana enseñando en el estudio bíblico y toda la noche ocupada en la enseñanza del seminario para esposas.

Jueves: Práctica del coro toda la noche.

Una vez que hice esta lista, logré *ver* con claridad qué sucedía. Sencillamente no dormía ni descansaba lo suficiente, ¡y mi cuerpo me lo decía! Algo tenía que cambiar, y era la agenda... o yo.

Sabía lo que la Biblia decía sobre la necesidad de descanso y sueño. (También sabía lo que decía acerca de la pereza). Sin embargo, al pensar en mi situación, mi mente se dirigió primero a Jesús, que instó a sus atareados y cansados discípulos: «Venid vosotros aparte a un lugar desierto, y descansad un poco» (Marcos 6:31).

Luego, pensé en el ocupado y cansado profeta de Dios, Elías. Esforzándose al máximo por la tensión de su intenso ministerio, por las amenazas de peligros y por una fatiga debilitadora, Elías sucumbió. ¡Con cuánta ternura Dios cuidó de su siervo agotado! En primer lugar, le dio descanso y un glorioso sueño que solo interrumpía el toque del ángel que invitaba a Elías a comer. Luego dormía durante otro período, y después venía otro llamado angelical para que se levantara y recibiera otra comida. Y luego, la Biblia dice que Elías, después del descanso, de la comida y de la bebida: «fortalecido con aquella comida caminó cuarenta días y cuarenta noches» (1 Reyes 19:1-8).

Luego de mucha oración y con la guía de Jim, tomé algunas decisiones concienzudas en cuanto a las horas de mis días y mis noches. Era evidente que la escala de mi ocupación se había inclinado y me dirigía a una caída. El refrán se estaba haciendo realidad en mi vida: «Cuando la producción excede a las entradas, el mantenimiento será tu ruina». Como resultado, hice algunas correcciones en mi estilo de vida que me permitieron descansar y dormir como es debido.

Pregúntate: «¿Qué está sucediendo?», en cuanto a las horas de tus días (¡y de tus noches!). En la escala de las necesidades, ¿dónde se encuentra tu patrón de sueño y de descanso? Para la mayoría de las mujeres, se encuentra en un extremo o en el otro. ¿Necesitas un poco más de sueño y de descanso, o te vas al otro extremo y duermes demasiado como nos advierte el proverbio: «Un poco de sueño, un poco de dormitar, y cruzar por un poco las manos para reposo; así vendrá tu necesidad como caminante, y tu pobreza como hombre armado» (Proverbios 6:10-11)? Ahora bien, ¿qué harás para encontrar el equilibrio entre los dos extremos?

7. Cuida lo que comes.

Un año, una mujer «mayor» y espiritualmente madura me comentó que lee la Biblia cada año buscando lo que allí se dice con respecto a un tema en especial. Debido a la gran admiración que sentía por la vida de esta mujer (y su pasión y propósito), decidí seguir su ejemplo (y desde entonces lo he seguido haciendo).

Como sea, en una de mis lecturas de la Biblia, elegí el tema «comida» y marqué todas las referencias con respecto a la comida, a la salud y a la nutrición. Incluso me fijé en las comidas específicas a las que se hacía referencia y si la referencia era favorable o no. Aquel ejercicio de prestar atención a lo que la Biblia dice sobre la comida fue muy revelador. Por ejemplo, aprendí...

Una lección de Daniel: Daniel fue uno de los del pueblo de Dios que llevaron lejos de su tierra natal y su familia al cautiverio en Babilonia (Daniel 1:1-21). Lo separaron durante tres años a fin de prepararlo para servir al rey y, tanto a él como a sus tres amigos, le asignaron una porción diaria «de la provisión de la comida del rey, y del vino que él bebía» (versículo 5), pero Daniel «propuso en su corazón no contaminarse con la porción de la comida del rey, ni con el vino que él bebía». En cambio, él y sus tres compañeros israelitas, pidieron legumbres y agua (versículo 12). De manera sorprendente, luego de solo diez días, los cuatro jóvenes se veían «mejor y más robustos» que todos los que comían de las abundantes comidas del rey (versículo 15). Y cuando los tres años de preparación y capacitación terminaron, llevaron a Daniel y a sus amigos delante del rey para que los examinara. El resultado fue que el rey «los halló diez veces mejores que todos los magos y astrólogos que había en todo su reino» (versículo 20).

La escritora y conferenciante Elisabeth Elliot hace la siguiente observación de la vida de Daniel: «La disciplina es evidente en cada página de la vida de Daniel [...] La primera cosa que lo pone aparte [...] es una decisión en cuanto a la comida [...] Fue el comienzo de la preparación del Señor de un hombre cuya fibra espiritual se probaría con rigurosidad más tarde»[1].

Sacando una página del libro de Daniel, he tratado de comer para obtener salud y energía. ¡Hay tanto que deseo (y debo) hacer para servir a mi esposo y a mi familia! Y deseo disfrutar de las bendiciones de un hogar que marche bien. Además, están las muchas cosas que deseo hacer para servir al Señor. Por lo tanto, créeme, presto atención a todo lo que como, incluso cuando lo como. Después de cada comida o merienda, me fijo a propósito si me siento con la cabeza más pesada y más cansada, o si me siento más renovada y con energía. Luego, tomo nota de lo que comí que me consumió la energía o bien suplió el siguiente empujoncito de fuerza.

Una lección de Jonatán: ¡Asegúrate de comer! Esa es una lección que aprendemos de la vida de Jonatán, el hijo del rey Saúl (1 Samuel 14:24-31). Saúl había hecho un juramento precipitado durante una acalorada batalla en contra de los filisteos al afirmar: «Cualquiera que coma pan antes de caer la noche, antes que haya tomado venganza de mis enemigos, sea maldito». ¿Cuál fue el resultado? «Y todo el pueblo no había probado pan», a pesar de que estaba «muy cansado» (versículo 31).

Excepto Jonatán. Sin saber de la maldición de su padre, Jonatán llegó junto con toda la gente a un bosque donde la miel había caído al piso. Cansado de la batalla, con toda naturalidad mojó la punta de una vara en la miel y comió ese líquido dulce y reconfortante. La Biblia dice que de inmediato «fueron aclarados sus ojos» (versículo 27). La lección de Dios se resume en las palabras de Jonatán: «¿Cuánto más si el pueblo hubiera comido libremente hoy del botín tomado de sus enemigos?» (versículo 30).

La comida es la manera que tiene Dios de cargar tu cuerpo con energía y salud para el trabajo que debes hacer. Tu auto necesita combustible, ¿no es cierto? Pues bien, querida mía, ¡tú también lo necesitas! Entonces, como dije, asegúrate de comer. Solo ten cuidado con lo que comes. Como alguien observó: «el mejor ejercicio es ejercitar la discreción a la hora de comer»[2].

8. Mantén un programa.

O dicho de otra manera, desarrolla una rutina. Un experto en administración enseña que una rutina «hace que la gente sin experiencia y sin juicio sea capaz de hacer lo que antes solo podían hacer los genios»[3]. ¡Qué afirmación! Es sorprendente que la simple y única disciplina de mantener un programa pueda hacernos parecer, y actuar, como genios; pero es verdad. Una rutina permite que aun la mujer más ocupada trabaje a un paso constante sin tener que andar a las carreras durante el día y, a la vez, logre completar la mayoría de sus muchas tareas.

Jesús y su programa: Sin lugar a dudas, Jesús ejemplifica este cuadro de una persona ocupada en medio de una vida ocupada. Sin embargo, parecía que nunca estaba apurado. Nunca estaba agitado ni sin aliento. Simplemente se movía en forma continua y con determinación a lo largo de su programa y de su día. A decir verdad, la rutina de Jesús era tan previsible que Judas supo con exactitud dónde encontrarlo cuando llevó a la turba para que arrestara al inmaculado Cordero de Dios (Juan 18:2).

Tú y tu programa: Entonces, como nuestro Señor, debes crear un programa y desarrollar una rutina. Jesús no tenía prisa en su programa porque se basaba en las prioridades de Dios para su vida. Querida mía, cuando nuestro programa refleja las prioridades de Dios para nosotras, sus mujeres, nunca estaremos demasiado atareadas como para cumplir con su plan para nuestro día... y para nuestra vida. Por lo tanto, cuando digo que hagas y mantengas un programa, lo que quiero decir es lo siguiente: determina las prioridades de Dios para tu vida y desarrolla un programa que se centre en esas prioridades.

Un programa así, sin duda simplificará tu vida. Descubrirás que no tienes que pensar tanto en cada detalle de tu día porque has programado tus prioridades. Te preocuparás menos en cuanto a si gastas tu precioso tiempo en los esfuerzos adecuados. Te parecerá que pasas con fluidez de una tarea y de una porción de tu día a la siguiente.

Y no olvides establecer una rutina que se adapte a la etapa de la vida en particular que vives y a sus responsabilidades. Entonces, ajusta tu programa a medida que tu vida pase de una etapa a otra. Cuando tienes hijos, se necesita un programa. A medida que crecen, se necesita otro. Luego, te encuentras con el nido vacío con sus necesidades únicas de una rutina y un programa. Simplemente comienza *donde* te encuentras hoy... ¡y *hazlo* hoy!

¿No estás segura de cómo debería ser tu programa y tu rutina? Entonces, echa una mirada a los atareados días de la mujer que se describe en Proverbios 31:10-31. Fíjate cuándo se levantaba, cuándo se iba a dormir y qué hacía en el medio. (¡Con razón Dios la proclama como una mujer que consideraba los caminos de su casa... y de su vida [versículo 27]! Aquí tenemos a una mujer que puso en práctica el plan de Dios y sus prioridades para su vida con pasión *y* propósito).

9. Ocúpate de tu apariencia.

Es interesante que la Biblia contenga muy poco acerca de la apariencia externa del cuerpo. Tal vez sea porque es un libro espiritual que concentra nuestra atención en el hombre y la mujer «interior» (2 Corintios 4:16). Y el apóstol Pablo sigue adelante para señalar lo que ya sabemos acerca del cuerpo (no tienes más que mirar al espejo... ¡como yo lo hice a los treinta y tres años!): «el hombre exterior se va desgastando».

Con todo, hay maneras seguras en las que podemos ocuparnos de nuestra apariencia para que la mujer «exterior» al menos se vea lo mejor posible.

Además, Dios hace comentarios acerca de la apariencia externa de algunas mujeres de la Biblia. Por ejemplo:

- Abraham, el esposo de Sara, dijo que ella era una mujer hermosa (Génesis 12:11).

- Tanto a Rebeca como a Raquel se las describe como hermosas en su cuerpo y en su rostro (Génesis 24:16 y 29:17).

- La exquisita Ester se ocupó de su apariencia, se vistió con cuidado y ganó «el favor de todos los que la veían (Ester 2:15).

- No sabemos cuál era la apariencia física de la mujer de Proverbios 31, pero sí sabemos que sus ropas eran de lino fino y púrpura (Proverbios 31:22).

Parece estar claro que la belleza y el cuidado de la apariencia tienen un lugar en el terreno de la disciplina física. No te preocupes tanto por la forma en que te ves. Tu apariencia es justo la que Dios quiso darte ya que te hizo de manera «formidable y maravillosa» (Salmo 139:14). No obstante, puedes hacer un esfuerzo en el cuidado de tu apariencia. Entonces, arréglate... ¡un poquito! Maquíllate... ¡un poquito! Ocúpate de tu ropa... ¡un poquito! Procura estar en forma... ¡un poquito! (¡Los demás, estarán muy agradecidos!)

10. Comprométete a una búsqueda perdurable de la disciplina.

Cada vez que me siento cansada o desanimada en particular, tengo varios versículos favoritos que con toda seguridad me levantan. Uno es el testimonio de Pablo sobre su búsqueda constante de un servicio disciplinado a Dios y a los demás: «He peleado la buena batalla, he acabado la carrera, he guardado la fe» (2 Timoteo 4:7). Y otro es el aliento que Pablo le da a los corintios (que siempre parece disparado directamente del corazón de Dios hacia el de Pablo y de allí hacia el mío): «Así que, hermanos míos amados, estad firmes y constantes, creciendo en la obra del Señor siempre, sabiendo que vuestro trabajo en el Señor no es en vano» (1 Corintios 15:58).

Tal vez se deba a que en un tiempo fui maestra de inglés, pero lo cierto es que presto mucha atención a los verbos, la parte de cada oración que indica la acción, y no puedo dejar de notar que los verbos como *luchar, alcanzar, imprimir, soportar, correr* y *continuar* se encuentran esparcidos con generosidad por todo el Nuevo Testamento. Todos estos verbos y los versículos en los que aparecen me señalan que la vida cristiana y la administración de mi vida cristiana no son una carrera corta, ni un trabajo por temporadas, ni un chisporroteo. Mi vida no se debe caracterizar por falsos comienzos, dietas pasajeras, trucos llamativos ni destellos de disciplina seguidos de largos períodos en los que me permito excesos o me descuido. No, los verbos en estos versículos me alientan a aceptar el hecho de que la administración de la vida es una «maratón» que se caracteriza por un ritmo de trote largo, sostenido y constante que se requiere para correr la disciplinada carrera de una vida de dedicación y servicio a Dios.

Miremos a la vida

Jim y yo tuvimos el privilegio único de formar parte de una de las últimas audiencias a las que se dirigió J. Oswald Sanders antes de morir. El doctor Sanders era un renombrado estadista, misionero y autor del clásico libro *Liderazgo Espiritual*[4]. Este santo y leyenda cristiana tenía más de noventa años cuando lo escuchamos. Como le costaba un poco mantener el equilibrio puesto de pie, varios hombres lo ayudaron a subir los seis escalones hasta la plataforma. Al final, se aferró al púlpito con las dos manos y comenzó su mensaje. Comenzó poco a poco... pero pronto todos sentimos y vimos la fuerza de Dios que le daba poder mientras pronunciaba un dinámico sermón a los varios miles de personas en la audiencia.

Aquella noche memorable fuimos testigos del producto acabado de una vida de desarrollo constante de las disciplinas que mantienen a un hombre en la carrera cristiana y sostienen su servicio hasta el final. El doctor Sanders tenía un mensaje y un ministerio, incluso en el ocaso de su vida, fundados en toda una vida de días dedicados a la lectura de la Palabra de Dios. Seguía leyendo, seguía siendo agudo, seguía estudiando y creciendo en Cristo a medida que se acercaba cada vez más al encuentro cara a cara con su Señor. Su apariencia era delgada y fantástica, no se le veía sudar, ni se quedaba sin aliento, tampoco estaba pálido, sino que mostraba una fortaleza y una salud que se habían construido a lo largo de toda una vida de disciplina física.

Esto es lo que deseo para ti y para mí, querida hermana, que, al igual que J. Oswald Sanders, nos disciplinemos en las esferas espirituales y físicas a fin de que seamos capaces de servir a nuestro Señor, a nuestros seres queridos y al pueblo de Dios con fuerza y poder hasta el final de una vida atareada. Que en todos y cada uno de los días de nuestra vida tengamos claridad mental, fuerza física y resistencia para esforzarnos hacia delante, para luchar y alcanzar el supremo llamamiento de Dios en Cristo Jesús (Filipenses 3:14). Para lograr esto es necesario que nos comprometamos para siempre con una búsqueda de la disciplina. Como dijo el escritor John Maxwell, debemos reconocer que «la autodisciplina no puede ser un hecho aislado. Debe convertirse en un estilo de vida».[5]

Tercera parte

La creación de un cielo en la tierra

La administración de tu vida hogareña

Una palabra de testimonio

De modo que si alguno está en Cristo,
nueva criatura es; las cosas viejas pasaron;
he aquí todas son hechas nuevas.

2 CORINTIOS 5:17

Estoy segura de que has escuchado estas cinco palabras antes: *el cielo en la tierra*. ¿Qué es exactamente lo que te viene a la mente cuando las escuchas? Si eres como yo, por lo general piensas en bendición, placer, paz, gozo, perfección y orden.

Sin embargo... ¿sabías que el propósito de tu vida hogareña es transmitir un cuadro del cielo en la tierra a los demás, y en especial a los miembros de tu familia? ¡Eso es! En la Biblia, Dios usa el matrimonio y la vida hogareña como una ilustración de su relación con la iglesia (Efesios 5:22-25). Y cuando los miembros de la familia ponen en práctica sus papeles ordenados por Dios y cumplen con las tareas que Él les ha asignado, los demás pueden ser testigos de la relación que Dios tiene con su pueblo.

El cielo en la tierra

Amada, las dos tenemos el privilegio de presentarles a los demás un cuadro de lo que será el cielo. Tenemos la oportunidad de convertir nuestros hogares en un pequeño cielo en la tierra. Cuando vamos tras el diseño de Dios para nosotras como esposas, madres y amas de casa, y lo hacemos con pasión y propósito, establecemos un lugar aquí en la tierra que refleja la bendición y el orden de nuestro futuro hogar en el cielo.

Por lo tanto, en esta sección de nuestro libro sobre *Cómo administrar la vida* para *mujeres ocupadas*, prepárate para buscar, en primer lugar, las normas de Dios en su Palabra. Luego miraremos al Señor directamente a los ojos y nos prepararemos para hacer lo que su Palabra dice que debemos hacer. También prepárate para proponerte dejar de lado todo el ajetreo sin sentido y periférico, y pasar el resto de tu vida pagando el precio que sea necesario, ya sea en tiempo o en esfuerzo, para ocuparte bien de esta prioridad tan importante de la vida. Tu vida familiar es importante para Dios. Por lo tanto, debería (¡y debe!) ser importante para ti.

Me gustaría conocerte mejor. Más aun, me gustaría poder sentarme y conversar contigo. Me gustaría saber en qué etapa de la vida te encuentras. Me gustaría saber si estás casada o no, si alguna vez lo estuviste, si tienes hijos, nietos, dónde vives, cómo es la atmósfera de tu hogar, pero no puedo hacerlo. Así que seguiré adelante con estos capítulos, confiando en Dios que estas verdades te ayudarán en tus relaciones más estrechas. También oro para que la Palabra de Dios te dé las herramientas de manera que ayudes a otras mujeres a que administren mejor su vida familiar (Tito 2:3-5).

Una palabra de testimonio

Estoy casada. Y, de inmediato debería añadir que lo sigo estando *por la gracia de Dios*. Cuando Jim y yo nos casamos hace más de treinta y cinco años, Jim era cristiano, pero yo no. Eso quiere decir que formábamos un yugo desigual. (Y, como se dice en broma: «Si un hijo de Dios se casa con un hijo del diablo, es seguro que el hijo de Dios tendrá algunos problemas con su suegro». Créeme, ¡vaya si tuvimos nuestros problemas!).

Como puedes ver, comenzamos nuestro matrimonio con desventaja, y debo añadir que hicimos todo mal. En nuestro matrimonio no había quién liderara... ni quién siguiera el liderazgo.

Casi no había normas y las que teníamos no eran las de Dios. No teníamos reglas que nos guiaran.

Pronto, nuestra enredada vida de dos se convirtió en una enredada vida de cuatro, al añadirse nuestras dos pequeñas a la familia. Nuestra situación fue de mal en peor ya que ahora tampoco teníamos principios para criar a nuestras hijas.

Ah, sí, no quiero olvidarme de contarte que yo «hacía las cosas por mí misma y perseguía mis propios sueños. Con un esposo, un hogar y dos preescolares, volví a estudiar (para colmo, estudiaba consejería matrimonial y familiar). Las horas de mis días transcurrían arrojando a mis hijas al vacío, al dejarlas en la casa de una niñera todas las mañanas, asistiendo a clases como estudiante a tiempo completo, recogiendo a mis pequeñas después que había oscurecido, para sumergirme luego en el estudio y la preparación de tareas que se requieren cuando se persigue un título avanzado. (¡Si sabré lo que es estar ocupada!) No, nuestro hogar no era un cielo en la tierra para ninguno de nosotros. Ningún hogar será *jamás* un cielo en la tierra cuando se descuida al matrimonio, a la familia o al hogar. ¡Y yo descuidaba las tres cosas! ¡Los descuidaba a todos!

Como dije al comienzo de este libro, por la gracia de Dios, mi alma fue salva, mi matrimonio fue salvo, mi familia fue salva y mi hogar también. La realidad de haberme convertido en una hija de Dios se comprobó a medida que en mi vida se cumplió 2 Corintios 5:17: «De modo que si alguno está en Cristo, *nueva* criatura es; las cosas viejas pasaron; he aquí todas son hechas *nuevas*».

De repente, por primera vez, tenía algo, algo *nuevo*, sobre lo cual edificar mi vida, algo de acuerdo a lo cual moldearla, y eso era la Palabra de Dios. Y, de repente, por primera vez, tenía algo, algo *nuevo*, que le confiriera poder a mi vida, y eso era el poder de Dios trabajando en mí a través de su Santo Espíritu. Por cierto, *yo* era una nueva creación... y de repente *todas las cosas* se habían vuelto nuevas.

Así que me sumergí en mi Biblia (luego de comprar una, eso sí). Me devoré sus palabras y sus enseñanzas. Era como ese bebé recién nacido del que se habla en 1 Pedro 2:2, que deseaba la leche espiritual no adulterada de la Palabra para poder crecer. Debo decir que no me resistí a seguir la mayor parte de lo que leía en la Biblia. Estaba desesperada. Me estaba muriendo... y también moría mi sueño de tener un matrimonio y una familia feliz. Ahora tenía respuestas, no las de los hombres, sino las de Dios.

He comentado de manera exhaustiva en varios de mis otros libros lo que aprendí de la Biblia acerca del matrimonio, de la familia y de un hogar hecho a la manera de *Dios*[1]. Por lo tanto, lo que ofrezco aquí en un libro acerca de la administración de todas las esferas urgentes de la vida son algunos de los principios y de las pautas clave en cada una de estas tres esferas que rodean con sus brazos la Palabra de Dios para ti y para mí como esposas, madres y administradoras del hogar. No será exhaustivo... pero los puntos básicos están aquí.

Muy bien, examinemos los aspectos básicos para administrar esta importantísima esfera de tu vida familiar. Veamos qué se necesita para crear un pedacito de cielo en la tierra.

Capítulo 7

La administración
de tu matrimonio

Tal es mi amado, tal es mi amigo.
CANTARES 5:16

Enamorarse es fácil. Sin embargo, para hacer *crecer* un matrimonio cristiano, para *nutrir* una amistad para toda la vida y *construir* una relación permanente y gratificante se necesita trabajar, ¡trabajar *duro*! Se necesita compromiso. Se necesita determinación. Se necesita tiempo y sacrificio. Y se necesita una administración diaria.

Después de tu relación con Dios, tu matrimonio es lo más urgente y exigente. Aun así, la administración meticulosa de tu relación matrimonial te dará muchos de los dividendos más altos de la vida. No sé qué te sucede a ti, pero cada vez que algo anda mal entre mi esposo y yo, me siento miserable. Puedo disfrutar de grandes logros en muchos frentes... pero si algo anda mal en mi relación prioritaria con Jim, todo anda mal. La vida parece agria.

Si estás casada y deseas poner en práctica el plan de Dios, debes asegurarte, como mujer sabia, de ir más allá del llamado del deber a la hora de administrar tu matrimonio. Dios, que conoce nuestras necesidades, ha proporcionado sus pautas para nuestro matrimonio en su Palabra.

Las pautas de Dios para el matrimonio

¿Qué espera Dios de nosotras como esposas? He identificado lo que llamo «Las cuatro palabras de Dios para las esposas». Para mí, han sido salvavidas (y salvadoras del matrimonio).

Ayuda a tu esposo (Génesis 2:18). Dios declaró: «No es bueno que el hombre esté solo; le haré ayuda idónea para él». Y esa ayuda eres tú, si estás casada. Eso quiere decir que debes dejarte a un lado para hacer que la ayuda a tu esposo sea una prioridad. Eso significa que debes pasar los días de tu vida ayudando y asistiendo a tu cónyuge con sus responsabilidades y la mayordomía de la familia. No hay razón por la cual no puedas irte a la cama luego de cada día que pasas ayudando a tu esposo e imagines que Dios te dice en forma personal: «¡Bien hecho, querida esposa cristiana!». Un día así sería aquel en el que vives de tal manera que honras a Dios y su Palabra. También sería un día que beneficie a tu esposo. Y un día así debería repetirse a diario en tanto tengas un esposo.

Sigue el liderazgo de tu esposo (Efesios 5:22). Este principio representa la voluntad de Dios para todas las mujeres casadas. Tal vez no entendamos esta pauta. Quizá no percibamos cómo va a funcionar ni por qué Dios nos lo pide. A lo mejor no nos guste, y tal vez pensemos que en nuestro mundo que nos dice: «Eres una mujer; haz las cosas a tu manera», la pauta de Dios de someternos a nuestro esposo esté pasada de moda y sea prehistórica, hasta bárbara. Con todo, lee tú misma Efesios 5:22-24. Márcalo. Subráyalo. Resáltalo. Memorízalo. Está allí, querida mía, escrito desde el corazón de Dios al nuestro... para nuestro bien y para su gloria. Es parte de su divina receta para un matrimonio feliz y satisfactorio.

Respeta a tu esposo (Efesios 5:33). ¿Cuáles son algunas de las maneras en que demostramos que respetamos a nuestro esposo? Existen muchas pequeñas maneras. Para empezar, *míralo*. Haz un alto y vuelve tu mirada física hacia tu esposo cada vez que hable. *Nunca hables mal de él.* Si tienes un problema, habla con tu pastor o con un consejero de la iglesia. El resto de la gente solo debe escuchar de tus labios bendición hacia tu esposo. *Consúltalo.* Cuando te piden que hagas algo o que tomes una decisión, siempre di: «Primero tengo que consultarlo con mi esposo». (Como dije, son «pequeñas» cosas... ¡pero dicen mucho!).

Ama a tu esposo (Tito 2:4). Nuestro primer deber como esposas es hacer que nuestra vida hogareña sea atractiva y hermosa al amar a nuestros esposos. (Recuerda... ¡el cielo en la tierra!). «El amor es la mayor bendición en un hogar terrenal, y la esposa [...] es el centro natural de este amor»[1]. Entonces, arremángate y ocúpate en amar a tu esposo. Alimenta tu amor hacia él. Muéstrale tu amor. ¡Prodígale amor! Bríndale la clase de atención que le darías a tu mejor amigo. Después de todo, tu corazón y tu afecto deberían hacerse eco de la emoción que sentía la sunamita hacia su esposo, Salomón, cuando declaró: «Tal es mi amado, tal es mi amigo» (Cantares 5:16). Tu amor leal obrará maravillas en tu matrimonio. Entonces...

Cuando está triste, alégralo.
Cuando se comporta de manera noble, elógialo.
Cuando es generoso, valóralo.
Cuando esté comunicativo, escúchalo.
Cuando llega o cuando se va, bésalo[2].

Estas cuatro pautas, ayúdalo, síguelo, respétalo y ámalo, pueden y deben convertirse en cuatro metas para toda la vida si estás casada. Y las siguientes diez disciplinas deberían ayudarte en la administración de tu matrimonio.

Diez disciplinas para un matrimonio valioso

1. Debes centrar tu vida en el Señor.

Dios dice que, como base para las relaciones familiares piadosas, sus Palabras primeramente «estarán sobre *tu* corazón»

(Deuteronomio 6:6). Proverbios 4:23 también advierte: «Sobre toda cosa guardada, guarda *tu* corazón; porque de él mana la vida».

Querida mía, no te preocupes por lo que tu *esposo* hace o no hace para cultivar su vida espiritual. Preocúpate por asegurarte de que *tú* eres una *esposa* piadosa, que *tu* vida se encuentra centrada en el Señor. Entonces *serás* una vasija con la cual Dios pueda trabajar. Y aunque no haya cambios en tu esposo ni en el tono de tu matrimonio, *caminarás* cada día con la sabiduría y la gracia de Dios, con su fuerza y su dignidad (Proverbios 31:25). *Serás* transformada conforme a la imagen de tu querido Salvador (Romanos 8:29)... y Dios será glorificado a través de *tu* comportamiento (Tito 2:5). Ninguna mujer logra vivir una vida con mayor sentido que el de desarrollar, en Cristo, las cualidades de carácter propias de una vida (y de una esposa) que se encuentra centrada en Dios.

2. Debes orar por tu esposo.

Aquí tenemos otra disciplina que requiere que dejemos de lado alguna otra de nuestras ocupaciones. (¡Y eso es justo lo que nos requerirá convertirnos en mujeres y esposas de oración!) A través de la oración, renueva tu compromiso con tu matrimonio y con tu esposo cada día. Descubrirás que sucede algo asombroso cuando dedicas tu precioso tiempo a orar por tu esposo y por tu matrimonio. Descubrirás que el principio de Cristo se hace cierto en ti: «Porque donde esté vuestro tesoro [es decir, el tesoro de tu tiempo y el sincero esfuerzo espiritual que dedicas a la oración], allí estará también vuestro corazón [es decir, tu corazón se verá consumido por el objeto del tesoro de tu tiempo y de tus oraciones: ¡tu esposo!]» (Mateo 6:21). La oración cambia las cosas: cosas como el corazón de una esposa y un matrimonio.

3. Debes conocer tus papeles.

Recuerda las «cuatro palabras de Dios para las esposas»: ayúdalo, síguelo, respétalo y ámalo. No te haría daño incluir en tu tiempo de oración diario un compromiso renovado para vivir de acuerdo con estas cuatro pautas. Estos papeles deben convertirse en parte de tu proceso mental y de las acciones de cada día.

4. **Debes estudiar a tu cónyuge.**

> Cuando te cases, ámalo.
> Después que te cases, estúdialo[3].

¿Estudias a tu esposo? Por ejemplo, ¿cuáles son las cosas que le gustan y las que no? Conocer y honrar lo que le gusta y lo que no es también otra esfera en la que le puedes demostrar tu respeto (Efesios 5:33). ¿Estás atenta a sus estados de ánimo, a sus horarios, a los momentos en los que quiere hablar y los que no, a su agenda de trabajo, a sus ciclos de energía? ¿Has descubierto cuál es el mejor momento para discutir con él los asuntos importantes de la vida y cuál es la mejor manera de hablarle? ¿Sabes lo que sucede en su lugar de trabajo? ¿Sabes si hay presiones que se están acumulando sobre su vida? Tu esposo es la persona más importante de tu vida. Por lo tanto, deberías conocerlo, ¡por dentro y por fuera!

5. **Debes ser una sierva.**

El matrimonio es algo más que *encontrar* a la persona adecuada. ¡Es *ser* la persona adecuada! No pienses en ti misma, sino en tu cónyuge. Desde que te despiertas hasta que se apagan las luces, disponte a servirlo de todas las maneras que sean posibles. Recuerda que tu papel es ser su ayuda (Génesis 2:18). Es muy lindo que él te ayude de vez en cuando, pero no te quedes atrapada esperando que eso suceda, ni te resientas cuando no suceda. En cambio, mira el ejemplo de Cristo, porque Jesús no vino a *ser* servido sino *a* servir (Mateo 20:28).

6. **Debes seguir el liderazgo de tu esposo.**

Ya hemos mencionado la norma de Dios por la cual el esposo es la cabeza en el matrimonio (Efesios 5:23). Su papel como líder en el matrimonio no significa que no puedas aprender a comunicarte de manera franca con él, con sinceridad y dulzura para presentarle tu caso y hasta para apelar. Aunque eso sí quiere decir que atraviesas cada situación con la idea de que vas a seguir el liderazgo de tu esposo si eso es posible. He aprendido que muchas veces, como esposa, debo hacer lo que Dios me pide que haga, someterme, para que Él pueda obrar en la vida de mi esposo. Y muchas veces, en última instancia, Dios obra en mi vida... al ver, *luego* de mi paso de fe, y *luego* de mi sumisión, que la dirección de mi esposo era la mejor.

Sé que es difícil, pero pídele a Dios que te ayude a dar algunos pequeños pasos iniciales en la sumisión. Camina sobre las aguas, confía en el Señor y respeta el liderazgo de tu esposo. Puede tratarse de algo tan pequeño como ir al restaurante que *él* elige, en lugar de protestar, objetar, demandar, o sencillamente pretender tener «una idea mejor» en cuanto al lugar en el que deben ir a comer.

7. Debes asegurarte de que tu esposo sea el #1.

Aun antes de que existiera tal cosa como un padre, Dios estableció este principio para un matrimonio saludable: «Dejará el hombre a su padre y a su madre» (Génesis 2:24). Jesús lo repitió en Marcos 10:7-8, y lo mismo hizo Pablo en Efesios 5:31. Para que exista el mejor matrimonio posible, tanto el esposo como la esposa deben *dejar* (la unión y la emoción que antes se disfrutaba con los padres y la familia) para *unirse* (pegarse) a su cónyuge. Dicho de manera sencilla, debemos poner a nuestro esposo en el primer lugar en nuestra vida, en nuestro corazón y en nuestro tiempo. Nuestro esposo debe ser una prioridad superior a los hijos, los padres, la familia, los amigos, las mujeres cristianas, el trabajo y los compañeros de trabajo, los pasatiempos, etc. Nuestro esposo solo debe ocupar el segundo lugar después de Dios en cuanto a nuestra lealtad.

Seamos realistas, como mujeres atareadas tenemos *un montón* de personas y actividades en nuestra vida, pero Dios es claro cuando dice que debemos dejar a nuestra familia (y a todo lo demás) para unirnos a nuestro esposo. Debemos asegurarnos de que sea el # 1.

8. Las cosas se deben hablar.

Aprende a hablar con tu esposo. Para esto será necesario que te comprometas, en primer lugar, a escucharlo. Además, tendrás que hacer muchas preguntas. Es importante que tú y tu esposo procuren ponerse de acuerdo en los muchos asuntos que desafían a cualquier matrimonio: las finanzas, la crianza de los hijos, la agenda diaria, las prioridades y metas como pareja, cómo pasar las veladas y los fines de semana... y las vacaciones (este último punto puede ser bastante escabroso).

Solo recuerda que la comunicación es la meta; no es discutir, ni exteriorizar las emociones, ni protestar. Por lo tanto, asegúrate de practicar otra de las reglas de Dios para la buena comunicación en el matrimonio: «No se ponga el sol sobre vuestro enojo» (Efesios 4:26). En otras palabras, no se vayan a la cama enojados. En su lugar, hablen sobre lo que tengan que hablar.

9. Debes prestar atención a algunos «no».

No seas contenciosa (Proverbios 19:13; 27:15). No fastidies como la gotera continua que a uno lo vuelve loco (Proverbios 27:15). Y no avergüences a tu esposo con tu lenguaje, tu aspecto, tu comportamiento o descuidando a tu familia y a tu hogar (Proverbios 31:11-12).

10. Debes hacer que cada día sea divertido.

¿Recuerdas cuánto te divertías con tu amorcito cuando eran novios? ¿Recuerdas las locuras que hacían, cómo se reían, cómo se divertían? Muy bien, retrocede a esos «días felices» y asegúrate de que cada día involucre esa misma alegría. Después de todo, el esposo y la esposa deben regocijarse sin cesar el uno con el otro (Proverbios 5:18). Es de esperar que tanto tú como tu relación no se encuentren demasiado lejos de este punto como para tener que pensar mucho y durante largo tiempo para seguir este alegre mandamiento.

¿Te has encontrado aquí con alguna tarea en la que Dios no te pueda ayudar a llevar adelante? ¡Por supuesto que no! Por lo tanto, comencemos ahora mismo a ponerlas en práctica.

Querida mía, en tanto Dios te permita disfrutar de tu matrimonio, vive de acuerdo con sus principios para que tú y tu precioso esposo sean bendecidos en abundancia.

Miremos a la vida

Aquí tenemos una pregunta para meditar. ¿Estás demasiado ocupada como para administrar tu matrimonio a la manera de Dios? Tal vez una de las razones por las que estás tan atareada sea que el exceso de ocupación alivia el dolor de un matrimonio demasiado vacío. A lo mejor has llenado tu vida con otras cosas debido a la tensión en el hogar (¡tu cielo en la tierra!). He conocido a muchas esposas que se vuelcan a otras cosas: pasatiempos, clases, trabajo en la iglesia, trabajo como voluntarias, tiempo con las amigas, a fin de evitar estar en la casa con sus esposos. Lo cierto es que estas «otras cosas» son muy secundarias con respecto al gozo y a la bendición que Dios tiene preparados para que una esposa disfrute con su esposo. Por lo tanto, estas «otras cosas» nunca llenarán el lugar que Dios diseñó para un matrimonio feliz.

Entonces, ¿por qué no dejar todas las cosas periféricas y sin sentido de las que consta tu excesiva ocupación? Luego, dedica el mismo tiempo, esfuerzo y energía a hacer lo que Dios dice: ayudar a tu esposo, seguirlo, respetarlo y amarlo. Estarás feliz de haberlo hecho cuando comiencen a derramarse las bendiciones que vienen como consecuencia de tu obediencia a las pautas de Dios para el matrimonio.

Hagas lo que hagas, no dejes de obedecer. Como hija de Dios, tienes todo el poder a tu disposición. Tienes el poder de la oración. Tienes el poder del Espíritu Santo. Y tienes el poder de la gracia de Dios (2 Corintios 12:9). Toda clase de ayuda se encuentra a tu disposición. Tienes la ayuda de la Palabra de Dios. Tienes la ayuda de la oración. Tienes la ayuda de mujeres mayores que te asistirán, te discipularán, te enseñarán, orarán por ti y te aconsejarán (Tito 2:3-5). Tienes la ayuda de tu sabio pastor. Todos estos recursos están a tu disposición al obedecer a Dios en tus papeles como esposa. Este ejército de «asistentes personales» te ayudará a ajustar los principios de Dios a tu situación y a aplicarlos con tu esposo.

Y hagas lo que hagas, no permitas que el mundo empañe la visión de Dios en cuanto a la importancia de tu matrimonio. No permitas que nadie te venda la idea de que cualquier otra cosa (que no sea el mismo Señor) es más importante que nutrir en forma activa tu matrimonio. El propósito de Dios para nuestra vida y nuestro matrimonio es que estén llenos de pasión y de propósito. Y pueden estarlo... si no los atendemos con cuidado.

*C*apítulo 8

*L*a administración
de tus hijos

He aquí, herencia de Jehová son los hijos;
cosa de estima el fruto del vientre.

SALMO 127:3

Hijos. Para mí, la palabra misma destella vida y risa. Desde que
son bebés hasta la adolescencia, los hijos rebosan energía. Cada
uno de ellos representa una vida de potencial: para nuestro
Señor y para la humanidad. *Ninguna* otra cosa nos exige tanto
que nos apoyemos en el Señor como la crianza de los hijos.

A Jim y a mí no nos fue fácil *tener* hijos. Y luego, cuando
Dios nos concedió el deseo de nuestro corazón, ¡criarlos fue
incluso más difícil! Como ya te conté, tanto Dios como su Palabra no ocupaban ningún lugar en nuestras vidas. Por lo tanto,
los resultados eran previsibles: ¡nuestra vida hogareña era un
caos! Sin ningún «libro de instrucciones» y sin nadie que nos
ayudara, Jim y yo tambaleamos y nos abrimos paso a tropezo-
nes, no solo en nuestro matrimonio, sino también en la crianza
de nuestras hijas. Éramos de esas familias a las que uno mira,
menea la cabeza, las señala y le dice a otra pareja: «Hagan cualquier cosa menos lo que hace esta pobre familia».

¡Nunca dejaré de alabar y agradecer a Dios por su obra en
nuestras vidas! Cuando por fin nos convertimos en una familia

cristiana, hacía ocho años que estábamos casados y nuestras niñas tenían casi dos y tres años. (Eso quiere decir que durante ocho años habíamos hecho todo *mal* en nuestro matrimonio, y durante casi tres años, habíamos hecho todo *mal* en la crianza de nuestras hijas. ¡Es aterrador!).

Una vez más, Dios... y su maravillosa Palabra... vinieron en nuestro auxilio. Frente a mí, tenía pautas en la Biblia, principios reales que podía seguir como madre y que me decían qué hacer y qué no hacer. Quedaba poco y nada librado a las conjeturas.

Las pautas de Dios para la maternidad

Déjame comentarte algunas de las pautas que encontré en mis caminatas anuales por la Biblia. Quiero decirte que las *busqué*. Las busqué con ansias y con seriedad... y con desesperación, ¡en busca de ayuda! Leía la Biblia todos los días con un lápiz en la mano, y cada vez que encontraba un versículo o un pasaje sobre la maternidad o de madres en la Biblia, lo marcaba, *con colores vivos*, en la mía. Y los registraba. Comencé a armar un conjunto de notas a las que llamé «Las pautas de Dios para la maternidad». Aquí tenemos cuatro de esas pautas.

Enseña a tus hijos: Conozco a muchas madres que son las maestras de sus hijos que estudian en casa; pero seas maestra o no, debes enseñarles a tus hijos. Dios lo deja claro como el agua en Deuteronomio 6:6-7:

> Y estas palabras que yo te mando hoy, estarán sobre tu corazón; y las repetirás a tus hijos, y hablarás de ellas estando en casa, y andando por el camino, y al acostarte, y cuando te levantes.

¿Quién debe enseñar? Cualquier padre creyente. ¿*A quién* debes enseñar? A tus hijos. ¿*Qué* debes enseñar? La Palabra de Dios. ¿*Cómo* la debes enseñar? ¡Con diligencia! ¿*Cuándo* la debes enseñar? ¡Todo el día, cada día! ¿*Dónde* la debes enseñar? En tu hogar y en todas partes.

Si eres madre, la enseñanza que debes darles a tus amados hijos acerca de Dios y sus caminos no es opcional. En Deuteronomio 6 Dios te *ordena* que enseñes sus *mandamientos*... a tus hijos... con diligencia... durante todo el día... todos los días... en tu casa y en cualquier otro lugar. Otros versículos también nos señalan como maestras directamente a nosotras, las madres (Proverbios 1:8; 6:20; 31:1), pero creo que captamos el mensaje. Debemos enseñar a nuestros hijos.

Instruye a tus hijos: Un versículo que anoté en mi creciente lista de «pautas» fue Proverbios 22:6. Es un principio que les enseña a los padres así: «Instruye al niño en su camino, y aun cuando fuere viejo no se apartará de él». Ese es el versículo. Por lo tanto, si tienes hijos, debes instruirlos. Como madre, tienes el deber de instruirlos: debes enseñarles la Palabra de Dios con insistencia y debes hacerla obedecer mediante la disciplina amorosa durante todos los años en que los crías. Por supuesto, otros pueden ayudar a lo largo del camino (maestras temerosas de Dios, pastores), pero la responsabilidad es tuya.

Tus hijos necesitan con urgencia que les enseñes con diligencia y los instruyas con fidelidad. Todos los niños nacen pecadores, y si se les permite seguir sus propios deseos, sin duda desarrollarán hábitos y prácticas pecaminosos. Y una vez que los hábitos pecaminosos se arraigan hondo en un niño, son más difíciles de corregir. Como clérigo y reformador, Henry Ward Beecher observó: «No es difícil hacer que un niño o un árbol crezcan derechos si los instruyes cuando son pequeños, pero tratar de enderezarlos una vez que se les ha permitido hacer las cosas mal no es asunto fácil»[1]. Por lo tanto, debemos criarlos «en disciplina y amonestación del Señor» (Efesios 6:4). Nunca es demasiado temprano para comenzar la instrucción espiritual de tus hijos. Entonces, ¡comienza ahora!

Ama a tus hijos: El llamado supremo de Dios a amar a tus hijos proviene de Tito 2:4. Aquí se instruye a las ancianas en la iglesia a que enseñen a las más jóvenes a «amar a sus hijos». Como sucede con tu esposo: «El amor es la bendición más grande en un hogar terrenal, y la esposa [y madre] [...] es el centro natural de este amor»[2]. Así que, remángate como madre y pon manos a la obra en cuanto a amar a tus hijos. Cultiva tu amor hacia ellos. Muéstrales tu amor. ¡Prodígales amor! Tu amor leal obrará maravillas en los corazones y en las vidas de ellos.

Valora a tus hijos: ¡Los hijos son una bendición de Dios! «He aquí, herencia de Jehová son los hijos» y «cosa de estima el fruto del vientre» (Salmo 127:3). Por lo tanto, debemos valorarlos.

Muchas mujeres de la Biblia «captaron» esta pauta de valorar a sus hijos y la maternidad.

- *Sara* deseó y esperó un hijo durante un cuarto de siglo. Cuando al fin nació su Isaac, Sara rió con gozo (Génesis 21:6).

- *Rebeca* deseaba con tanta desesperación tener hijos que su esposo Isaac «oró [...] a Jehová por su mujer, que era estéril» (Génesis 25:21).

- *Raquel* deseaba tener hijos con tanta desesperación que le dijo a su esposo Jacob: «Dame hijos, o si no, me muero» (Génesis 30:1).

- *Ana* deseaba tener hijos con tanta desesperación que hizo un voto delante de Dios prometiéndole que si le daba un hijo varón, «yo lo dedicaré a Jehová todos los días de su vida» (1 Samuel 1:11).

- *Elisabet* deseaba hijos con tanta desesperación que se maravilló y agradeció a Dios cuando concibió, diciendo: «Así ha hecho conmigo el Señor en los días en que se dignó quitar mi afrenta entre los hombres» (Lucas 1:25).

Estoy segura de que has escuchado a las mujeres que no cesan de hablar y de quejarse sobre las desdichas de criar hijos, refiriéndose a sus pequeñas bendiciones de parte de Dios llamándolos mocosos o bandidos. Ya ves, ¡hemos entendido todo mal! Los hijos son una bendición. Son un honor que Dios nos ha otorgado. La maternidad es un privilegio y nuestros hijos son nuestra corona de gloria (1 Timoteo 2:15).

Cuando enseño a las mujeres acerca de esta esfera vital de la administración de la vida, la crianza de los hijos, cuento dos ilustraciones que tienen el valor de conmocionarnos. (Bueno, ¡a mí me conmocionaron!). La primera habla sobre un caracol. El periódico *Honolulu Advertiser*[3] informó que en la isla de Kauai un pequeño caracol marroncito, que mide tan solo medio centímetro, ha entrado en la lista de la «Ley de especies en peligro». Por cierto, un equipo de biólogos está preparando un complicado plan de recuperación. Un caracol... ¡un poquito más grande que la punta de una uña!

La segunda historia habla de un elefante. Una mañana, mientras Jim y yo nos encontrábamos sentados en un avión esperando que despegara, la televisión pasó un informe nada menos que sobre los elefantes. El narrador decía que como las hembras solo pueden tener un bebé cada cuatro años, cada cría se considera de un valor incalculable.

Ahora te pregunto: ¿qué sientes con respecto a *tus hijos*, a cada uno de ellos? ¿Los valoras, los proteges y los cuidas? ¿Consideras que cada uno de ellos tiene un valor incalculable? Los animales pueden ser especiales, pero debido a que tus hijos se crearon a la imagen de Dios, *ellos* son los que en verdad tienen un valor incalculable.

Aquí están, los aspectos básicos para nosotras como madres: Debemos enseñar a nuestros hijos, debemos instruirlos, debemos amarlos y valorarlos. Ahora bien, veamos un nuevo conjunto de disciplinas que nos ayuden a administrarnos como madres.

Diez disciplinas para ejercer la maternidad

1. Debes centrar tu vida en el Señor.

Querida madre, debes amar al Señor y su Palabra. Debes ser una madre piadosa. Los versículos de Deuteronomio 6 comienzan: «Y estas palabras que yo te mando hoy, estarán sobre tu corazón» (versículo 6). Entonces, ¡podrás enseñárselas con éxito a tus hijos! Ya ves, la consagración debe estar en tu corazón, *tú* corazón, en primer lugar.

2. Debes ser modelo de un carácter en verdad piadoso.

Las madres pueden enseñarles y predicarles a voz en cuello a sus hijos, pero si las palabras no las respaldan un ejemplo piadoso, no son más que «metal que resuena, o címbalo que retiñe» (1 Corintios 13:1). No seamos de esa clase de madre de la cual un día su hijo dirá: «Lo que eres habla tan fuerte que no puedo escuchar lo que dices».

Lo que debemos buscar es una vida de pasión y propósito que se transmita a nuestros hijos. Ana (en tan solo unos pocos años) le transmitió con éxito, con la boca y con el ejemplo, a su pequeño Samuel, las verdades fundamentales sobre Dios. Lo mismo sucedió con la madre de Moisés y la de Timoteo (y en este caso también lo hizo su abuela). Estas madres piadosas enseñaron con la boca... pero también fueron un modelo con sus vidas de lo que sus hijos debían ser delante de Dios y del hombre.

Querida madre lectora, como nos pide a gritos Deuteronomio, *sé* lo que se supone que debes ser y *enseña* lo que se supone que debes enseñar.

3. Debes orar por tus hijos.

Ora por ellos en general y en forma individual, uno por uno, por su nombre y mencionando sus necesidades. En mi primer cuaderno de oración, tenía tres páginas dedicadas a mis hijas: en una decía «hijas», en otra decía «Katherine» y en la otra decía «Courtney». En la página que decía «hijas» oraba por las peticiones generales que abarcaban a las dos niñas: la salvación, el bautismo, los momentos en los campamentos de la iglesia, sus pastores de jóvenes, su crecimiento espiritual, sus futuros cónyuges. Sin embargo, en las páginas individuales, oraba por sus necesidades personales: sus trabajos, sus amistades, sus noviecitos (!). (¿Captas la idea?).

4. Debes estar allí.

Al decir «allí», por supuesto, me refiero al hogar. Recuerda de nuevo el principio de Jesús: «Porque donde esté vuestro tesoro [en este caso, el tesoro del tiempo que pasas en tu hogar con tus hijos], allí estará también vuestro corazón [en este caso, tu corazón estará con tus hijos]» (Mateo 6:21). Cuanto más estás con tus hijos, más oportunidades tienes de influir en sus vidas. Más los vas a comprender. Más podrás instruirlos. Más sabrás acerca de sus amistades, de sus intereses, de su inclinación, de su personalidad, de sus sueños. La madre de Proverbios 31 *observaba* «los caminos de su casa» (Proverbios 31:27), ¡eso quiere decir de su casa *y* de su gente!

No hemos tocado el factor de la ocupación por algún tiempo, pero para estar allí, en tu hogar, tendrás que renunciar a cosas menos importantes para conseguir tiempo, el tiempo que pases en el hogar con tus hijos, que te pagará los dividendos más altos que puedas ganar en la vida.

5. Debes llevar a tus hijos a la iglesia.

Asegúrate de que tus hijos estén expuestos con regularidad al pueblo de Dios y a la enseñanza de la Palabra de Dios en la iglesia. (Y no lo olvides: para llegar a la iglesia hay que comenzar la noche anterior).

6. Escogerás a tus hijos por encima de cualquier otra persona u ocupación.

Tal como sucede con tu esposo, tus hijos son la relación que se encuentra en el lugar más alto. Cuando Dios enumeró el programa que las ancianas en la iglesia deben enseñarles a las mujeres jóvenes, el primer orden del día en la lista era «que amen a sus esposos», y el segundo era «que amen a sus hijos» (Tito 2:4). Las amigas, las hermanas y las muchachas de la oficina no se encontraban en la lista de prioridades de Dios.

7. Debes disciplinar a tus hijos.

El libro de Proverbios nos enseña esta «disciplina» (Proverbios 13:24), junto con muchas maneras de corregir y de instruir a nuestros hijos. Hace *muchos* años, guardé estos consejos para disciplinar a los hijos, y su sabiduría todavía es valiosa.

- No compares a un hijo con otro.
- No los ridiculices ni te burles de sus debilidades.
- No utilices sobornos ni recompensas.
- No les escatimes afecto.
- No tengas temor a decir que no.
- Enséñales que esperas obediencia.
- Ayúdales a planear un mejor curso de acción.
- Permite que tus hijos expresen su punto de vista.
- Admite tus errores como madre.
- Reconoce que la disciplina es un proceso a largo plazo[4].

8. Debes ser la alentadora # 1 de tus hijos.

Sé la principal fanática de tus hijos, aquella que siempre los alienta, la que sabe «hablar palabras al cansado» cuando están deprimidos o cuando sufren (Isaías 50:4), la que se pone a su lado cuando necesitan un apoyo adicional. Asegúrate de que sus días estén llenos de palabras de elogio y aliento... que provengan de ti.

9. Debes cultivar tu matrimonio.

El mejor regalo que les puedes dar a tus hijos es amar a su padre. Recuerda también que una vez que hayan crecido, seguirás siendo (Dios mediante) una esposa. Asegúrate de cultivar tu matrimonio cada día.

10. Debes hacer que cada día sea divertido.

¿De dónde proviene la «diversión» de la familia? Del corazón alegre de la madre. Este libro habla sobre la administración y la planificación. Por lo tanto, planea cada día algo de diversión con tus hijos y para ellos.

Espero que esta perspectiva general te dé un poquito más de información sobre la dirección que debe tomar tu tarea como madre. Sé que el camino puede ser difícil... y largo. Más de una vez te preguntarás si lo lograrás, si alguna vez llegarás a destino. Sin embargo, ¡cuántas bendiciones recogemos a lo largo del camino! Los recuerdos, las fotografías, los muchos momentos de ternura y amor, y por sobre todo, el privilegio que Dios nos ha dado de crear un depósito de verdad en los corazones de nuestra descendencia. Ninguna travesía podría tener más aventura. Y ningún otro camino puede ser más honorable. Asegúrate de disfrutar cada paso que das en el camino.

Miremos a la vida

Cuando escribo este capítulo que toca tan por arriba la magnitud de esta prioridad de primer nivel y que demanda todo, he sido madre durante treinta y dos años y ahora soy abuela de cinco pequeñitos. Es verdad que si tienes hijos, eres madre para siempre. ¡Para toda la vida! Las edades y las etapas cambian. Los «hijos» se multiplican al añadirse los yernos y las nueras... y luego los hijos de ellos. Las ondas de nuestra influencia piadosa se extienden cada vez más allá, abriéndose paso a lo largo de los días, semanas, meses, años, décadas y siglos. Como cristiana, tu vida y maternidad piadosa envían su estela brillante hacia toda la eternidad. El impacto de tu papel como madre es inconmensurable.

Criar a los hijos es la tarea más difícil de la vida, pero también es la más gratificante. Por lo tanto, te ruego que le des a la tarea de madre toda la pasión y el propósito que se merece y que necesita para estar bien hecha. Entonces, todos los días de tu vida serán días... y décadas... de pasión y de propósito.

Capítulo 9

La administración de tu hogar

Considera los caminos de su casa.

PROVERBIOS 31:27

Acabo de estar frente a una biblioteca en la sala que tiene dos estantes completos de un metro de largo, atestados solo con libros sobre el cuidado de la casa. Los títulos van desde *Hints from Heloise to Speed Cleaning* [Consejos de Heloise para limpiar más rápido], pasando por *I Hate Housework* [Detesto el trabajo de la casa] hasta *The Happy Home Handbook* [Manual del hogar feliz]. Esta biblioteca orientada a la administración del hogar representa mi búsqueda desesperada a través de los años de ¡A-Y-U-D-A! en otra esfera importante que Dios quiere que administre.

Como te imaginarás a raíz de las historias que ya conté acerca de mi situación caótica en los departamentos del matrimonio y la familia, mi calificación como ama de casa era también deficiente. Ah, ¡mi pobre familia! Aunque una vez más, Dios vino en mi rescate (y en rescate de ellos) a medida que leía su Palabra y catalogaba sus instrucciones para mantener un hogar con pasión y propósito.

Las normas de Dios para el cuidado del hogar

La Biblia está llena de información sobre el hogar. Lo que quiero analizar aquí son unas pocas pautas que impulsaron la revolución en mi corazón... y en mi hogar.

Edifica tu hogar: No necesitas estar casada para tener un hogar. Es más, cualquier lugar en el que vivas es tu hogar y, querida mía, debes *edificarlo*.

- «La sabiduría *edificó* su casa, labró sus siete columnas. Mató sus víctimas, mezcló su vino, y puso su mesa (Proverbios 9:1-2).

  Esto quizá no parezca muy bonito ni resulte muy atractivo, pero Salomón pinta la imagen de una casa espaciosa y sólida donde se han preparado la comida y la bebida con mucho esmero y que se han esparcido sobre una mesa de banquete. La descripción del lugar *y* de las provisiones está dirigida a nosotras. En general, es un lugar en el que las cosas se planificaron, se atendieron y en el que se esforzaron para que los resultados finales fueran atractivos y beneficiosos. Es un hogar... un hogar en el cual el ambiente le brinda bienestar al alma y la comida sostiene, alimenta y energiza el cuerpo.

- «La mujer sabia *edifica* su casa; mas la necia con sus manos la derriba». (Proverbios 14:1).

  En lugar de utilizar su energía para *derribar* su hogar, toda mujer sabia se dedica a edificar (literalmente, a *levantar*) su hogar. ¿Cómo empleas tu energía? Si eres sabia, lo harás edificando y mejorando tu hogar. Nunca es tiempo perdido el que utilizamos para edificar y mejorar nuestra casa. Nunca es tiempo perdido el que usamos para crear y mejorar el ambiente para nuestra familia y los demás. Aquí tenemos una situación en la que estar ocupadas es lo debido, ¡y se necesita con desesperación que lo estemos!

No te culpes por estar demasiado ocupada con el cuidado de la casa.

- «Con sabiduría se *edificará* la casa, y con prudencia se afirmará; y con ciencia se llenarán las cámaras de todo bien preciado y agradable» (Proverbios 24:3-4).

    Aquí tenemos otro cuadro salomónico que esta vez se concentra en los beneficios de construir con sabiduría, discernimiento, habilidad, conocimiento e inteligencia. Cuando estas cualidades se juntan y se emplean para construir un hogar, los resultados son agradablemente previsibles.

¿Qué te trae a la mente la palabra *edificar*? Para mí conjura imágenes de esfuerzo, energía y sudor. Supone fidelidad al tener que presentarse al trabajo todos los días. Implica soñar, luego pensar, planificar y organizar a fin de que los sueños se conviertan en realidad. ¡Y no nos olvidemos de la actitud! Hay una mentalidad de remangarse que debe ir paralela a la edificación de la casa. Las tareas se deben emprender con gusto. Al trabajo hay que darle la bienvenida en lugar de descuidarlo o despreciarlo. Así es, la mujer sabia (¡sin duda tú y yo!) edifica su casa. Es su tarea... y de buena gana acepta el desafío con pasión y propósito.

Está atenta a tu hogar: El ama de casa de Proverbios 31 nos da otra pauta más: «Está atenta a la marcha de su hogar, y el pan que come no es fruto del ocio» (Proverbios 31:27, NVI). Con cuidado está atenta a todo lo que sucede en el hogar. Mantiene los ojos abiertos sobre todo lo que tiene que ver con su hogar y su casa. Como ves, aquí hay un orgullo bueno. Es *su* casa, y es *su* responsabilidad. Por lo tanto, pone mucho empeño y esfuerzo en la tarea y sobresale como ama de casa (versículo 29).

Gobierna tu casa: En el Nuevo Testamento, Pablo escribe y expresa su deseo: «que las viudas jóvenes se casen, críen hijos, *gobiernen* su casa» (1 Timoteo 5:14). Dice que a estas mujeres les hacía bien tener un hogar para administrar, guiar y gobernar.

Parece que eran ociosas y perezosas, lo que las llevaba a andar de casa en casa haciendo demasiadas visitas... y esto las conducía a ser chismosas y entremetidas... y al final terminaban hablando de cosas de las que era mejor no hablar (versículo 13).

Muy bien, aquí tenemos un caso positivo de mucha ocupación. En este ejemplo, estar muy ocupadas es el remedio de Dios, es algo bueno. Es mejor estar de lleno a más no poder en el trabajo de la casa que ser una entrometida.

Ama tu hogar: La versión Reina Valera dice en Tito 2:5 que las mujeres deben ser «cuidadosas de su casa». Otras versiones de la Biblia traducen estas palabras como trabajadoras en el hogar, buenas amas de casa, buenas administradoras de la casa y que amen su hogar[1].

Me gusta la expresión «que amen su hogar» porque creo que si amas tu hogar, harás todo lo demás. Te ocuparás de edificar tu casa y de cuidarla. Trabajarás para mantener tu hogar. Procurarás ser una buena ama de casa y una buena administradora de tu hogar.

Las dos sabemos que el amor es uno de los motivadores más poderosos del mundo. Así que, si amamos nuestro hogar, y si el amor está presente cuando lo administramos, lo edificamos, lo cuidamos y lo llevamos adelante, ese amor conquistará todo. No habrá tarea demasiado difícil ni trabajo demasiado insignificante (¡ni absurdo!), sino que el amor nos capacitará y nos dará poder para abordarlo, dominarlo y ser sobresalientes (Proverbios 31:29).

Estas pautas de la Palabra de Dios deberían encender el calor de tu corazón y su pasión cuando se trata del propósito de Dios para ti como mujer que debe administrar su casa. Y ahora, oro para que las siguientes diez disciplinas te ayuden a acelerarte en el camino hacia una mejor administración del hogar.

Diez disciplinas para la administración del hogar

A medida que avanzamos en estas disciplinas, recuerda lo siguiente: No importa la clase ni el tamaño del lugar al que llamas hogar, sino el tono y la atmósfera de ese espacio que tratamos de crear.

1. Debes dedicarte a administrar tu hogar.

No solo me refiero al compromiso que tienes para que tu hogar marche sin problemas. No, ¡me refiero a la dedicación! ¡A la devoción! ¡A la pasión! Administrar tu hogar es un asunto espiritual. ¿Por qué? En primer lugar, debido a las muchas pautas que acabamos de leer que nos llegan de forma directa desde la Biblia. Estas tareas para ser buenas amas de casa se dirigen directamente del corazón de Dios hacia el nuestro.

Además, la manera en que administramos nuestro hogar es un indicador de nuestra fe cristiana. Como escritora y oradora, Elisabeth Elliot observa: «Una vida descuidada habla de una fe descuidada». Entonces, con seguridad, un lugar o un hogar descuidado habla de una fe descuidada. Somos cuidadosas con nuestra fe, con nuestro crecimiento espiritual; tenemos cuidado en obedecer la Palabra de Dios; nos ocupamos de mantener las disciplinas espirituales de la oración, la adoración, la ofrenda, etc. Entonces, ¿por qué no nos vamos a ocupar de cómo administramos nuestro hogar? Después de todo, nuestra administración es un reflejo de nuestra relación con Dios... ya sea para bien como para mal (Tito 2:5).

2. Debes ser una mujer de oración.

Ya sabemos que la oración cambia las cosas. Querida lectora, ¡también cambia el trabajo de la casa! ¿De qué manera? Al cambiar el corazón del ama de casa. A medida que tú y yo somos fieles en orar por este aspecto de nuestro trabajo, el principio de Mateo 6:21 se pone en marcha una vez más: «Porque donde esté vuestro tesoro [en este caso, el tesoro del tiempo y del esfuerzo espiritual que se dedica a la oración por el hogar y la tarea de ama de casa], allí estará también vuestro corazón». Como digo tan a menudo, la oración transfiere el trabajo de la casa del campo físico al campo espiritual.

3. Debes ser consciente de los aspectos básicos.

Los aspectos básicos de la comida, la ropa, la limpieza y la seguridad forman parte de tu responsabilidad hacia tu familia. Dale una leída a Proverbios 31:10-31 y cuenta las maneras en que esta maestra de administradoras ministraba a su familia proveyéndoles para sus necesidades básicas.

4. Debes seguir un programa.

Mencioné los muchos libros que tengo sobre el manejo del hogar, pero también tengo varios estantes de libros acerca de la administración del tiempo. Casi todos estos libros, relacionados con los dos temas, dicen que los programas son poderosas herramientas para progresar, alcanzar metas y administrar tu casa y tu tiempo. Cuando tus días, semanas, meses y años corren con un ritmo, logras llevar a cabo el trabajo de tu casa, y el programa hace que eso sea posible. Considera de nuevo a la ama de casa de Proverbios 31. Su día y su programa comenzaban temprano, incluso antes de que se levantara su familia (versículo 15). Luego se enumeran sus tareas a medida que el día progresa.

Lo que hago cada noche es confeccionar una lista de cosas para hacer al día siguiente. Lo hago mientras reviso las listas del día que acaba de terminar y me fijo qué tareas se terminaron y cuáles quedaron inconclusas. Las coloco en la lista para el día siguiente junto a las nuevas cosas que debo hacer. Así, cada tarea queda programada dentro de un tiempo específico o dentro de tres perímetros generales: la mañana, la tarde o la noche. También mantengo la vista en un plan maestro y en un programa para la semana, el mes y la estación. Cuando termino, tengo las listas hechas y cada tarea está programada.

Una programación cuidadosa se ocupa del trabajo de la casa, de la correspondencia, del pago de las cuentas, de las diligencias, de la planificación de las comidas y de su preparación, de las actividades familiares, de la jardinería, y la lista sigue y sigue. Trabajo a lo largo de todo el día de acuerdo con mi programa. Lo llevo conmigo a todas partes. Nunca se aparta de mi lado. Es verdad, no hago todo lo que he programado, pero hago más que si no lo hubiera programado.

5. Debes ser organizada.

La organización encierra el significado del viejo principio de un lugar para cada cosa y cada cosa en su lugar. (Y en la organización avanzada, ese lugar es aquel en el cual necesitas que esté cada cosa). Sea cual sea el método de organización, y hay muchos, siempre ayuda al buen funcionamiento de una casa. En este mismo momento, mi hija Courtney está probando en su hogar el método de la escritora Emilie Barnes[2], de «trabajar como loca» y «limpiar como loca» durante quince minutos al día en una habitación hasta que quede lista, entonces, pasa a la siguiente. En mi casa, utilizo mi propio método. Lo llamo el método de los «treinta centímetros». Limpio por completo al menos un cajón, un estante o un espacio de treinta centímetros al día. Y, por lo general, lo hago durante un tiempo de transición, mientras hago otra cosa, por ejemplo, mientras caliento algo en el microondas, espero que se cuele el café, caliento comida en el horno, converso por teléfono, etc. Hay pocos sentimientos mejores que el de ser organizada. Sea cual sea el método, ten uno y sé organizada.

6. Debes estar allí.

¿Cómo se llevan a cabo nuestras buenas tareas de amas de casa? Se llevan a cabo cuando nosotras, las amas de casa y quienes edificamos el hogar, estamos allí: ¡estamos en casa! Así que mira tu calendario para esta semana. Señala y cuenta con exactitud cuántas horas tienes programadas fuera de tu casa. Luego, redúcelas de manera drástica para que puedas «estar allí». (Entonces, ¡pon en acción tu lista de cosas para hacer!).

7. Debes ser la mejor.

He adoptado al ama de casa de Proverbios 31 como mi modelo para administrar el hogar. Sobresalía en su papel de administradora de la casa (versículo 29). Yo lo veo de esta manera: «Muy bien, tengo que mantener la casa limpia. Debo crear el orden. Debo preparar tres comidas diarias. Entonces, ¿por qué no ser la mejor? ¿Por qué no sobresalir? ¿Por qué no bendecir en abundancia a mi familia y a los demás?».

8. Debes leer.

No existe razón por la cual no puedas aprender acerca de las habilidades, los métodos y las herramientas que ayudan a un mejor manejo del hogar (como leer el libro de Emilie Barnes que mencioné). Aunque no hayas aprendido nada sobre el cuidado de una casa cuando crecías, ahora, todo lo que tienes que hacer es leer y aprender. El material con respecto a este tema se encuentra por todas partes. En revistas, libros, periódicos, en la Internet. Colecciónalo, léelo, guárdalo y ponlo en práctica. Si tu corazón está dispuesto, puedes mejorar al leer.

9. Debes ser frugal.

Más adelante tenemos toda una sección sobre las finanzas, pero un regalo importante que le haces a la edificación de tu hogar es la administración frugal del presupuesto hogareño. Cada centavo que ahorras es un centavo que puedes usar para servir a tu familia y a los demás que necesitan tu ayuda. El ahorro y la sabia administración del dinero son virtudes bíblicas que bendicen a tu familia.

10. Debes ser creativa.

Me encanta ser ama de casa porque me da muchas oportunidades de aprender y de dominar nuevas habilidades, de sobresalir en la esfera que Dios me ha separado para que administre, y de expresar mi creatividad en numerosas maneras. Piénsalo, podemos ser todo lo creativas que queramos al pintar, coser, cocinar, cuidar el jardín, decorar, organizar y realizar manualidades. Y cada una de estas actividades nos bendice a nosotras, a nuestra familia y a los demás. Aunque tengas un trabajo fuera de tu casa, puedes llegar a tu hogar, dulce hogar, y hacerlo aun más dulce.

¿Te sientes abrumada? ¡Por favor, no! La buena noticia es que crear un cielo en la tierra dentro de los límites de tu hogar es algo que se hace paso a paso, de una tarea al día, de día en día... comenzando a partir de hoy.

Miremos a la vida

Piensa de nuevo en el lugar en que vives, el lugar al que llamas hogar. Tú y yo tenemos poco control sobre la mayor parte de los acontecimientos de nuestra vida, pero sí tenemos cierto control sobre la atmósfera, el orden y el buen funcionamiento de nuestro hogar. Ya ves, lo que se encuentra detrás de la puerta de nuestra casa y bajo nuestro techo es *nuestra* esfera. Es *nuestro* lugar. Por lo general, es una esfera y un lugar que edificamos, sobre el cual estamos atentas y al cual amamos. Entonces, ¿por qué no dedicarnos de lleno y hacerlo con gran pasión y propósito?

Conozco mujeres a las que les cuesta entusiasmarse con el cuidado de sus casas. Y conozco mujeres que han descartado la tarea de ama de casa por parecerles una ocupación sin valor. ¿Entras en alguna de estas dos categorías, querida amiga? Entonces, por favor, dedica un tiempo a la oración. Vuelve tu hogar y tu corazón a tu sabio y amoroso Padre celestial. Pídele ayuda. ¡Pídele que te «remodele»! Busca los versículos que hemos visto en este capítulo. Habla con otras mujeres a las que sí les gusta ocuparse de sus hogares. Pídele a tu esposo que te anime y que ore por ti. Haz el programa de una semana y dale una copia a alguien para que ore por ti y te pida cuentas de lo que has hecho con estos piadosos deseos de tu corazón. Cueste lo que cueste, prepárate para crear un cielo en la tierra donde vives.

Cuarta parte

El cuidado de los negocios

La administración de tu vida financiera

Capítulo 10

Las normas de Dios
para tu dinero

Mas buscad primeramente el reino de Dios
y su justicia, y todas estas cosas os serán añadidas.

MATEO 6:33

Recuerdo muy bien un día en el que mi esposo regresó a casa del Seminario donde prestó sus servicios como Decano de Admisiones durante muchos años. Aquel día en particular, un joven estudiante universitario fue a la oficina de Jim para hablar, con el deseo de inscribirse en el seminario. No había ningún problema con el muchacho. ¡Qué joya! Era encargado del cuerpo de estudiantes de una universidad cristiana, un magnífico alumno y gozaba del buen concepto de los demás.

Sin embargo, este pastor en potencia tenía otro problema que deseaba conversar con Jim. Un problema con una *joven*, para ser más específica. (¡Nada nuevo para Jim!). Este muchacho estaba saliendo con una compañera de estudio y admitía que se sentía atraído hacia ella. Aun así, el problema era el siguiente: el joven quería saber si debía seguir viéndola... en caso de que se enamorara y deseara casarse con ella. Deseaba saberlo ahora porque cuando la joven se graduara de la universidad, ella tendría una deuda personal de veintidós mil dólares por su educación. Tenía los ojos muy abiertos a la realidad de que si las cosas progresaban, él, futuro ministro, se encontraría casado con una mujer que tenía una gran deuda. Sabía que semejante pasivo sería una carga muy pesada y arruinaría sus informes para obtener crédito. No obstante, tenía una preocupación todavía mayor: ¿qué iglesia u organización misionera llamaría a un hombre para que conduzca a su congregación con semejante deuda a cuestas?

Querida hermana lectora, ¿alguna vez te preguntas cómo pueden afectar tu vida los asuntos financieros o cómo pueden afectar *tus* asuntos financieros a las vidas de los demás? Pues bien, esta es una escena de la vida real. No importa lo jóvenes (la muchacha en cuestión no llegaba a los veintiún años) ni viejos que seamos, Dios nos ha dado otra esfera de la vida con el propósito de que administremos para su gloria y de acuerdo con sus principios. Esa es la de nuestras finanzas. Nuestro dinero. Tal vez no parezca como responsabilidad espiritual, pero lo es. Por cierto, Jesús fue el que nos enseñó en una de sus parábolas: «El que es fiel en lo muy poco, también en lo más es fiel; y el que en lo muy poco es injusto, también en lo más es injusto» (Lucas 16:10).

Seguir las pautas de Dios para las finanzas nos ayudará, sin lugar a dudas, a manejar nuestro dinero con fidelidad y también a vivir cada día con pasión y propósito. Por ahora, vamos a darle un vistazo a algunas de esas pautas.

Eres una mayordoma

Como sucede con todas los campos de nuestra vida, debemos ser mayordomos fieles con nuestras finanzas. Todo dinero que tengamos no nos pertenece (en contra de las creencias populares). Es de Dios (Job 1:21) y debemos administrarlo *para* Él. Además, a Él le interesa mucho *cómo* lo administramos. En otra de las parábolas de Jesús, el dueño de una propiedad, antes de irse de viaje, les dio a tres de sus siervos diferentes sumas de dinero. Cuando el amo regresó, quiso saber con *exactitud* qué había hecho cada siervo con *su* dinero (Mateo 25:14-30), y los recompensó, o castigó, según lo que hizo cada uno. A los dos que fueron «fieles» con sumas de dinero bajas, los puso como mayordomos de sumas mayores. Sin embargo, el que fue infiel (Jesús lo describe como malo y perezoso) recibió una reprimenda y se le quitó lo que se le había dado.

Una evaluación de tu mayordomía: Ahora, querida mía, ¿qué *tienes* que Dios te haya confiado? ¿Qué *tienes* que Dios espere que lo administres para Él? Por ejemplo...

¿Estás casada? ¿Dios te ha dado un matrimonio para que lo cuides para Él? ¿Te ha dado un matrimonio para que lo nutras?

¿Tienes hijos? ¿Cuántos? ¿Ves a cada uno de esos preciosos hijos como un regalo que Dios te ha dado para que los cuides para Él, para que los críes en el amor y la amonestación del Señor, para que les enseñes su Palabra?

¿Dónde vives, en una casa, en un apartamento, en una casa rodante, en una choza en el campo misionero? Bueno, amiga mía, sea donde sea, repito, tienes la responsabilidad de administrar y cuidar lo que el Señor te ha dado para Él. Casadas o solteras, vivimos en alguna parte. Y la mente y la mano del Señor son las que nos han confiado ese lugar.

Podríamos seguir y seguir enumerando los muchos elementos de la vida que debemos administrar para el Señor (nuestro ministerio, nuestros dones espirituales, nuestra educación, nuestras credenciales), pero este capítulo se centra en nuestras finanzas. Y siempre, cuando se trata de nuestras finanzas, el problema no es cuánto tenemos, sino cuán fieles somos como mayordomas de lo que tenemos. Más adelante nos fijaremos en algunos aspectos prácticos de la administración del dinero, pero por ahora solo permite que el concepto de la mayordomía penetre en tu comprensión de cada esfera de la vida.

Busca a alguien que administre bien su dinero: La mujer de Dios de Proverbios 31 nos enseña muchas lecciones sobre la administración, así que la visitaremos con frecuencia. Por cierto, no dejes de leer su notable historia de diligencia en Proverbios 31:10-31. Aunque por ahora, saquemos una lección de su vida de pasión y propósito: Era una sabia administradora del dinero. De su vida, aprendemos acerca del valor que tiene el conocimiento activo de las finanzas personales. Y hoy en día, también, debemos saber cómo pagar cuentas, cómo manejar una chequera, conciliar una declaración bancaria, favorecer los ahorros y las inversiones, y mantener firmes las riendas de esas tarjetas de crédito.

Cuando encontré por primera vez a la mujer de Proverbios 31 (hace unos treinta años), sus habilidades para administrar su vida, y su dinero, me motivaron a pedirle a Jim que me enseñara las entradas y salidas de nuestras finanzas familiares. Bajo la tutela de Jim aprendí los aspectos básicos de las finanzas personales. Aprendí a ser una mayordoma. Como resultado, le he dejado muchas horas libres todas las semanas durante todos estos años, horas que puede dedicar a otras responsabilidades en el trabajo, en la iglesia y en el hogar. (Además, me gusta pensar que hasta he ahorrado un poco de dinero al hacerme cargo del cuidado y de la mayordomía de esta esfera de nuestra vida).

Tu Dios suplirá todas tus necesidades

Yo sé que *tú* sabes que Dios se ocupa de todas nuestras necesidades. (Y, por favor, fíjate que se trata de todas nuestras *necesidades*, ¡no de todos nuestros *deseos*!). Como explica la Biblia, debemos estar satisfechos si tenemos estas dos cosas básicas: vestimenta y alimento (1 Timoteo 6:8). Por cierto, la Biblia está llena de promesas en cuanto a las necesidades de la vida y a la provisión de Dios. Por ejemplo:

- Jesús predicó que no debemos preocuparnos por la comida, por el vestido, ni por la longitud de la vida. En cambio, debemos buscar «primeramente el reino de Dios y su justicia y *todas* estas cosas [incluyendo la comida y el vestido] os serán añadidas» (Mateo 6:33).

- El apóstol Pablo escribió estas palabras para enseñar y consolar a los filipenses: «Mi Dios, pues, suplirá *todo* lo que os falta conforme a sus riquezas en gloria en Cristo Jesús» (Filipenses 4:19).

- David declaró: «Joven fui, y he envejecido, y no he visto justo desamparado, ni su descendencia que mendigue pan» (Salmo 37:25). Dios lo dice de la siguiente manera: «E invócame en el día de la angustia; te libraré, y tú me honrarás» (Salmo 50:15).

- Y mi favorito es, otra vez de parte de Pablo: «Y poderoso es Dios para hacer que abunde en vosotros *toda* gracia, a fin de que, teniendo siempre en *todas* las cosas todo lo suficiente, abundéis para *toda* buena obra» (2 Corintios 9:8).

Evalúa tu confianza en el Señor: ¿Cómo nos las arreglamos cuando se trata de la administración del departamento de la confianza? ¿Confías en el Señor para que se ocupe de tu necesidad de comida y vestido... o vives atemorizada pensando que tal vez no lo haga? ¿Confías en que Dios suplirá liderazgo, instrucción, aliento, protección, fuerza, amor, seguridad y amistad a lo largo del camino de la vida... o te inquietas por lo que te parece una falta de parte de Dios en proveer de verdad para ti? Recuerda siempre que Dios es tu Buen Pastor, que promete que nada te faltará (Salmo 23:1).

Querida hermana en Cristo, si eres soltera, Dios proveerá. Si eres casada, Dios proveerá. Si no tienes hijos, Dios proveerá. Si eres madre de once hijos (como una mujer que conocí hace poco en Nueva York), Dios proveerá. Si tienes poca salud, Dios proveerá. Si eres viuda, Dios proveerá. Y cuando te encuentres en tu lecho de muerte, Dios proveerá. Puedes confiar en Él, descansar en Él y disfrutar del reposo que proporciona la fe.

Busca a alguien que haya confiado en la provisión de Dios: La mujer de Proverbios 31 temía y reverenciaba al Señor, y confiaba en Él (Proverbios 31:30). Sin embargo, Eva nos proporciona un triste ejemplo de una mujer que no confió en la provisión de Dios para su vida (Génesis 3:1-6). Imagina... ¡vivir en el huerto del Edén! Imagina... ¡tener en la punta de los dedos todo lo que jamás vas a necesitar! Allí y así era dónde y cómo vivía Eva su vida diaria. Si eres como yo, es probable que estés pensando: «¡Vaya! No me costaría nada vivir cada día con pasión y propósito en un ambiente como ese».

Sin embargo, para Eva, la provisión más que abundante de Dios no era suficiente. La serpiente se deslizó un día dentro de su paraíso y plantó una nueva clase de semilla en el huerto: la semilla de la duda. Interrogó a Eva con preguntas como esta: «¿Conque Dios os ha dicho: No comáis de todo árbol del huerto?» (Génesis 3:1). La duda hundió sus raíces todavía más profundo cuando la serpiente, mientras señalaba al único árbol del cual Dios le había dicho a Eva que no comiera, siseó: «Sino que sabe Dios que el día que comáis de él, serán abiertos vuestros ojos, y seréis como Dios, sabiendo el bien y el mal» (versículo 5).

Pues bien, ¡eso fue suficiente! La duda floreció convirtiéndose en una horrenda flor. Y Eva decidió que Dios no «satisfacía todas sus necesidades». Entonces, la madre de todos nosotros, quebrantó la única restricción que Dios le había puesto a sus hábitos de comida: comió del único árbol prohibido de todo el huerto del Edén.

Amada, ¿eres de las que conocen las promesas de Dios... y las creen? La próxima vez que te sientas tentada a pensar que Dios no «satisface todas tus necesidades», recuerda esto: lo hace, te parezca o no. ¡Pon tu fe en acción!

La fe se define como «la certeza de lo que se espera, la convicción de lo que no se ve» (Hebreos 11:1). La fe se pone en práctica con la confianza y la seguridad de las cosas que se esperan y con la certeza de las cosas que no vemos.

Entonces, querida mía, la pregunta es: «¿Crees que Dios proveerá para todas tus necesidades?».

La fe mira hacia arriba y exclama: «¡Por supuesto!».

Llamada al contentamiento

Tengo la bendición de conocer a una mujer hermosa por dentro y por fuera, cuyo mensaje número uno a las mujeres es sencillo: «Cómo tener contentamiento». Me gustaría que pudieras escucharla hablar acerca de este tema. Y más que eso, me gustaría que la conocieras. Es soltera. Ha participado en el ministerio a tiempo completo durante los treinta años que la conozco, y se encuentra del todo complacida y satisfecha. Su rostro brilla de verdad con el gozo y el contentamiento absoluto y suficiente en el Señor.

No cabe duda de que el contentamiento es un asunto bien difícil para las mujeres, pero la Palabra de Dios nos llama, a las que deseamos vivir cada día con pasión y propósito, a tener contentamiento. Pablo, el hombre de Dios que nos dice que «gran ganancia es la piedad acompañada de contentamiento» y que el alimento y el vestido es todo lo que necesitamos para estar satisfechos (1 Timoteo 6:6,8), también nos da estas instrucciones acerca del contentamiento extraídas de su propia vida:

> He *aprendido* a contentarme, cualquiera que sea mi situación. Sé vivir humildemente, y sé tener abundancia; en todo y por todo estoy *enseñado*, así para estar saciado como para tener hambre, así para tener abundancia como para padecer necesidad. (Filipenses 4:11-12).

El contentamiento es una perla de gran precio... y una virtud en vías de extinción. También es la mayor bendición que tú y yo podemos disfrutar en este mundo. Con todo, como comenta un escritor de obras de teatro: «Dios no ha creado a nadie satisfecho»[1]. Esto quiere decir, querida mía, que tendremos que hacer lo que el apóstol Pablo nos anima a hacer y *aprender* a estar satisfechas. Y Él nos dice cómo hacerlo:

- *El contentamiento se aprende*: Dos veces el grande y poderoso Pablo dice que *aprendió* a contentarse. Esto nos da esperanza y aliento. El contentamiento no es algo que viene de forma automática con la salvación, ni tampoco es un fruto del Espíritu del cual disfrutamos cuando caminamos en el Espíritu. No, el contentamiento es algo que se *aprende*.

- *El contentamiento es necesario cuando tienes mucho*: ¿Te parece extraño? Quiero decir, ¿no pensarías que el hecho de tener mucho te produce contentamiento? Pues bien, la respuesta es no. En realidad, tener mucho puede alimentar un fuerte deseo y apetito de tener todavía más. En lo personal, me gusta el consejo de Juan Wesley: «Cuando tengo algo de dinero, me deshago de él lo más rápido posible, no sea que encuentre la manera de entrar en mi corazón»[2].

- *El contentamiento es necesario cuando tienes poco*: ¿Alguna vez piensas de manera errónea: «Si tuviera un poco más de dinero, estaría satisfecha»? Como dije, esto es falso. ¡Sencillamente no es verdad! Un secreto del contentamiento es lo que llamo la oración de «justo lo suficiente» extraída de Proverbios 30:7-9:

Dos cosas te he demandado; no me las niegues antes que muera: No me des pobreza ni riquezas; mantenme del pan necesario; no sea que me sacie, y te niegue, y diga: ¿Quién es Jehová? O que siendo pobre, hurte, y blasfeme el nombre de mi Dios.

Cada vez que les hablo a las mujeres sobre el contentamiento, trato de dejar tiempo para esta oración. Fíjate que los ingredientes en esta receta piden justo lo «suficiente».

Receta para el contentamiento

Salud suficiente como para que el trabajo sea un placer;

Riqueza suficiente para suplir las necesidades;

Fuerza suficiente para luchar contra las dificultades y dejarlas atrás;

Gracia suficiente para confesar los pecados y vencerlos;

Paciencia suficiente para trabajar con ardor hasta que logremos algún bien;

Caridad suficiente para ver algo bueno en mi vecino;

Amor suficiente para que me mueva a ser útil y a ayudar a los demás;

Fe suficiente para hacer reales las cosas de Dios;

Esperanza suficiente para quitar todos los temores ansiosos concernientes al futuro[3].

- *El contentamiento no se basa en tus circunstancias presentes*: Tú y yo poseemos todas las verdaderas riquezas del cielo: tanto aquí en la tierra como las que están reservadas para nosotras en el cielo. Tenemos la esperanza de la vida eterna... sin importar lo que suceda en este momento en nuestra vida. En la vida hay aflicciones (Juan 16:33), pero podemos tener paz y contentamiento en nuestra alma en medio de nuestras circunstancias presentes. ¿Por qué? Porque...

- *El contentamiento se basa en la persona de Dios* (Filipenses 4:13,19): Como nos recuerda el título de una canción popular acerca de Dios: «Todo lo que necesito es todo lo que tú tienes». En Dios, amada mía, tenemos todo lo que necesitamos, ahora y por siempre.

Evaluemos nuestro contentamiento. Es una gran lista de verdades, ¿no es cierto? ¿Quiénes te conocen mejor piensan que eres una mujer satisfecha? ¿Dirían que tu misma apariencia irradia un espíritu que no se encuentra perturbado, un espíritu que no se preocupa por los deseos y necesidades de la vida, un espíritu que está satisfecho tanto con lo que tiene como con lo que no tiene? ¿O te describirían como quien tiene un «espíritu murmurador», un espíritu que casi nunca está satisfecho, que casi nunca descansa, que casi nunca tiene contentamiento en el Señor y en su provisión? Piénsalo y sé sincera porque el enfoque que tengas hacia tu vida financiera lo determinará el nivel de contentamiento que tengas... lo determinará tu confianza en Dios. A fin de vivir cada día con pasión y propósito, sencillamente no puedes tomarte la molestia de preocuparte por las cosas de este mundo. El día no nos da el tiempo ni las energías suficientes para desperdiciar un segundo, para distraer nuestra mente, y ni hablar de las emociones, en un solo pensamiento de inconformidad.

Busca a alguien que haya estado satisfecho de verdad: ¿Estás lista para conocer a una de mis mujeres favoritas de la Biblia? Desearía poder decirte su nombre, pero no lo sabemos. Solo la conocemos como «la sunamita». Ella nos brinda un maravilloso cuadro de lo que es el contentamiento, enmarcado para siempre en 2 Reyes 4:8-17. Dios usó a la sunamita, una persona cálida, atenta y generosa, para proporcionarle habitación y comida al profeta Eliseo. Estaba casada, pero no tenía hijos.

Cuando Eliseo le preguntó a esta gran mujer qué podía hacer para devolverle los muchos favores que le había prodigado a él y a su siervo, la noble sunamita contestó: «¡Bueno, nada! Estoy muy satisfecha. No hay nada en mi vida que me perturbe. Vivo con mi propio pueblo. ¿Qué otra cosa podría desear o necesitar?».

Eso es, amada mía. Lo «captó»... y espero que tú y yo podamos hacer lo mismo. Que reflejemos el dulce corazón satisfecho de esta querida mujer. Y que pasemos nuestros días haciendo lo mismo que Pablo: *aprendiendo* a tener contentamiento en todas las circunstancias. Entonces, tal vez, por la gracia de Dios, obtendremos lo que un escritor puritano llamó «la singular joya del contentamiento cristiano»[4]. ¡Y qué joya tan exquisita es esta!

Miremos a la vida

Mientras estoy sentada aquí en mi escritorio leyendo los versículos que he puesto en este capítulo y reflexionando acerca de estos «rudimentos de la administración del dinero», soy conciente de que no he dicho nada sobre la administración del dinero en sí. No he escrito nada acerca de libros de contabilidad, créditos, débitos, monedas, centavos y dólares. No. Hemos abordado el tema del corazón. Hemos mirado la mayordomía que Dios nos ha confiado con respecto a todo lo que tenemos y a todo lo que somos. Hemos mirado bien en lo profundo de nuestros corazones para ver cuánto confiamos o cuánto no confiamos en la amorosa provisión de Dios para nosotras. Hemos admirado y deseado la preciosa joya del contentamiento piadoso.

¿Y por qué? ¿Por qué revisar estos temas más profundos? Porque la primera cosa que debemos administrar es nuestro corazón. Como mujeres cristianas, nuestros corazones y nuestras vidas (¡y todo lo demás!) le pertenecen a Dios. Y cuando nuestros afectos están puestos en Dios, todo lo demás cae en su lugar... incluso (y tal vez, en especial) algo tan burdo como las cuestiones diarias del dinero.

Por lo tanto, querida, como nos insta el sagrado himno, debemos poner nuestros ojos en Cristo. De eso se ha tratado este capítulo. Puesto que entonces, y solo entonces: «lo terrenal sin valor será a la luz del glorioso Señor»[5].

Y entonces, solo entonces, la pasión y el propósito de nuestra vida será Él... y nada más que Él. Y, ¡ah, qué vida será esa!

Capítulo 11

*D*iez disciplinas para la administración de tu dinero

Porque donde esté vuestro tesoro,
allí estará también vuestro corazón.

MATEO 6:21

¿Te acuerdas de la joven estudiante universitaria de veinte años con una gran deuda por sus estudios de la que te hablé al comienzo del capítulo anterior? Pues bien, ahora te presentaré a otra mujer, una que vivió en el otro extremo del espectro en todo sentido. Se trata de la madre de Jim. ¡Ah, qué santa! Nuestra familia y todos los que la conocían fuimos bendecidos por los setenta y seis años de la vida de Lois.

En primer lugar, recibimos bendición por la manera en que vivió Lois. Tenía dos pasiones (y propósitos): su Señor y su familia. Amaba a Dios y amaba a su familia. Servía a Dios y servía a su familia. Si alguna vez una mujer tuvo a Dios en el centro de su vida, esa fue Lois. No solo amaba a Dios, sino que administraba su vida de acuerdo con sus principios. Y eso incluía la esfera financiera. Casada con un inconverso, Lois siempre encontraba las maneras de darle dinero a su iglesia con regularidad. No solo eso, también daba para los misioneros, les daba a los necesitados y daba para las obras de caridad de la iglesia. Sus dádivas seguían y seguían.

Y nuestra familia también se vio bendecida cuando murió Lois. A pesar de que el cáncer que le costó la vida fue cruel y espantoso, la muerte de Lois fue una lección de belleza para nosotros. Hasta sus últimos minutos de conciencia, estuvo ocupada deshaciéndose de su dinero. Nunca tuvo mucho. En realidad, se parecía bastante a la definición de una viuda pobre. Al final, vivía en un apartamento de un dormitorio en un complejo habitacional para ciudadanos jubilados. Recorrió y encontró el que le daba lo mejor, pero costaba menos. Más tarde, cuando revisamos sus finanzas, nos dimos cuenta que el dinero que daba todos los meses a su iglesia era más de lo que le costaba el alquiler mensual del apartamento. (¡Aquí tenemos un principio que bien vale la pena seguir!).

La vida dadivosa de Lois seguía adelante, dirigida a su iglesia y a sus ministerios favoritos (tanto locales como alrededor del mundo). Hasta se encontró con nuestras dos hijas antes de morir y le dio una suma de dinero a cada una. En aquel momento, las dos se encontraban en medio de las luchas de los recién casados, y ella supo con exactitud cómo ayudarlas a salir adelante. Y cuando al final Lois se fue para estar con el Señor, se había deshecho de todo su dinero.

Además, sus posesiones se habían reducido a un mínimo. Cuando desocupamos el pequeño apartamento de Lois, todos expresamos, de una manera u otra: «¡Esta es la forma en que deberíamos vivir todos!». Ya había revisado sus posesiones, las redujo y prescindió de la mayoría de las cosas. Y lo que quedaba (que no era mucho) estaba archivado, organizado, empacado y etiquetado. Hasta había cerrado sus cuentas bancarias y se las había transferido a Jim. No quedaba nada por hacer, no tuvimos que encargarnos de nada, no había cuentas sin pagar ni deudas, y no había nada que hacer. No, Lois administró con sabiduría cada aspecto de su vida. También puso en práctica lo que un santo de la antigüedad deseó cuando escribió: «No me gustaría encontrarme con Dios con una cuenta llena en el banco».

Diez disciplinas para administrar tu dinero

Mientras procuramos administrar el elemento financiero de nuestra vida como *Dios* quiere y de acuerdo con *sus* propósitos (como lo hizo nuestra querida Lois), estas verdades honradas por el tiempo y extraídas de su Palabra son una guía segura para nosotras.

1. No tengas deudas.

La Biblia tiene razón cuando dice: «Y el que toma prestado es siervo del que presta» (Proverbios 22:7). Otro versículo más nos dice: «No debáis a nadie nada» (Romanos 13:8). Tener deudas es una forma de esclavitud. También te hace vivir bajo una nube pesada y oscura, y reprime tu libertad de disfrutar en verdad de la vida y de darle ayuda a los necesitados o los que sirven a Dios. Aquí tenemos algunas maneras ciertas y probadas de acortar cualquier clase de deuda que puedas haber contraído.

✓ Comienza un «ayuno». Con esto quiero decir que dejes de realizar cualquier gasto innecesario. Decídete a pasar un mes sin hacer compras frívolas. Eso significa no comer fuera ni comprar cositas para la casa. Como familia hemos hecho esto en nuestra casa más veces de las que logro recordar y siempre es muy refrescante. Es como detenerse a inhalar una bocanada profunda y satisfactoria de aire puro. Limpia tu visión, purga tu alma codiciosa y abre tus ojos a las necesidades de los demás. Te da una renovada apreciación de todo aquello con lo que Dios te puede bendecir en su fidelidad. Te da nueva fuerza, la fuerza que se obtiene a través de cualquier disciplina, a fin de enfrentar y lidiar con cualquier otra parte de tu vida. Da a luz una mayor medida de autocontrol. Trae una especie de mentalidad espartana, una actitud de no aceptar tonterías ni andar detrás de detalles. Alienta un enfoque de la vida en el que se tengan las cosas básicas, un enfoque lúcido y frugal. Desarrolla un enfoque magro de la vida.

✓ Ora en lugar de gastar. Comienza una lista de oración que comprenda los elementos que piensas que necesitas. Tal vez puedes poner cada necesidad en una tarjeta. Luego mira a menudo las tarjetas. Ora por ellas a diario (... y con más frecuencia, si es necesario). Llévalas contigo en caso de que necesites añadir más artículos. Ora pidiendo la paciencia para esperar que Dios satisfaga tus necesidades reales. Entonces, se logran tres bendiciones. En primer lugar, disfrutas de una victoria espiritual sobre la tentación. En segundo lugar, no solo dejas de *añadir* más a tu endeudamiento sino que, en realidad, haces avances para *reducir* tu deuda (si destinas el dinero que no gastas para pagar la deuda presente). En tercer lugar, Dios es glorificado cuando *Él* es el que provee para ti en lugar de que andes corriendo de un lado a otro para proveer para ti misma contrayendo deudas.

✓ Maximiza las estrategias a corto plazo. Si necesitas algo de dinero rápido, en lugar de comprar comida nueva, usa lo que se encuentra en la despensa y en las alacenas. (Nuestra familia hace esto muchas veces). Junta las cosas que no se necesitan en tu casa y realiza una venta de garaje. Otra estrategia a corto plazo es simplemente decir que no. Cada vez que le dices *no* a una nueva compra, tienes dinero rápido. ¿Por qué? Porque el dinero que no gastas es dinero que todavía tienes. Además, abandona los hábitos caros como el café diario que tomas en una cafetería o las salidas a comer. (Repito, cada vez que le decimos que no a un hábito tenemos dinero rápido).

2. No debes gastar más de lo que ganas.

En la investigación que hice para escribir este capítulo saqué a la luz estas peligrosas señales que por lo general indican problemas financieros. Tú y tu familia están en peligro cuando...

Utilizan una suma sustancial (veinte por ciento o más) de los ingresos del hogar para cancelar deudas de tarjetas de crédito.

- Añaden nuevas deudas antes de saldar las antiguas.

- Tienen deudas importantes con bancos o compañías de préstamo en forma constante.

- Se demoran con frecuencia en los pagos.

- Alargan sin cesar las deudas a fin de pagarlas en períodos más largos[1].

El problema es evidente, ¿no es cierto? Si te encuentras en esta clase de situación, estás gastando más dinero de lo que ganan tú o tu esposo.

3. No debes comprar a crédito.

Las dos pautas generales que seguimos Jim y yo en cuanto a comprar a crédito son estas: En primer lugar, tener una hipoteca está bien cuando se compra una casa, ya que una casa se considera una inversión y un activo. Y, en segundo lugar, usar una tarjeta de crédito está bien solo si cancelamos por completo las compras con tarjeta de crédito de un mes al otro. De otra manera, comprar a crédito es un gasto excesivo.

Una imagen de la Escritura que nos ayuda a Jim y a mí a mantenernos a raya a la hora de comprar a crédito se encuentra grabada a fuego en nuestra mente. Desde Proverbios 22:27 se nos advierte: «Si no tuvieres para pagar, ¿por qué han de quitar [tus acreedores] tu cama de debajo de ti?». En otras palabras, si no tienes todo el dinero para pagar algo, ¿por qué arriesgarte a que te quiten tus propios muebles debajo de ti y se los lleven de tu casa?

¿Por qué arriesgarte a sufrir la incomodidad y la vergüenza de no poder pagar los artículos que no te puedes permitir?

4. No debes codiciar lo que otros tienen.

Durante largo tiempo «tener lo que otros tienen» ha sido el estilo de vida estadounidense; pero nuestra meta como mujeres cristianas que anhelan vivir agradando al Señor debería ser diferente. Nuestra meta debería ser seguir las disciplinas de Dios, no amar *al mundo* ni las *cosas* que están en el mundo (1 Juan 2:15), y eso incluye a lo que tienen otros. Más bien deberías buscar primero el reino de Dios y su justicia (Mateo 6:33). Amada, nosotras no tenemos que estar a la altura de nadie. Solo debemos vivir para el Señor, para sus propósitos y vivir de acuerdo con sus principios.

5. No debes amar al dinero.

Contrario al comentario sarcástico de Mark Twain: «La falta de dinero es la raíz de todos los males», la Biblia dice que «raíz de todos los males es el amor al dinero» (1 Timoteo 6:10). El amor al dinero puede conducir a toda clase de males y vicios. (Tal vez por eso la versión Reina-Valera de la Biblia llama al dinero «ganancia deshonesta»: 1 Timoteo 3:3). Es probable que la peor clase de mal a la cual conduzca el amor al dinero sea un decreciente amor por el Señor y por sus cosas.

Repito: «Porque donde esté vuestro tesoro, allí estará también vuestro corazón» (Mateo 6:21). Como hemos visto, Jesús habló de esta triste realidad de la vida y luego siguió adelante para darnos otra triste realidad: «Ninguno puede servir a dos señores; porque o aborrecerá al uno y amará al otro, o estimará al uno y menospreciará al otro. No podéis servir a Dios y a las riquezas» (versículo 24).

Amada, estas son palabras fuertes, pero ciertas. O amamos al dinero y aborrecemos a nuestro dueño... o aborrecemos el dinero y amamos a nuestro Señor. Sencillamente no podemos amar al dinero y a nuestro Señor. Siempre será uno o el otro. Tal vez fue por eso que Crisóstomo, uno de los padres de la iglesia, escribió alrededor del año 400 d. C.: «Despreciemos el dinero».

6. Debes dar con regularidad a tu iglesia.

La Biblia habla con claridad de esta «disciplina». Pablo escribió de manera bastante específica a los que estaban en la iglesia de Corinto acerca de la regularidad de las ofrendas: «cada primer día de la semana» (es decir el domingo) todos debían apartar cierta suma de dinero para darle al Señor (1 Corintios 16:2).

También debemos dar conforme a lo que nos hemos propuesto: «Cada uno dé como propuso en su corazón» (2 Corintios 9:7). Me gusta la traducción de este versículo que dice: «Que cada uno dé conforme a lo que le diga su corazón»[2]. Ya ves, Dios pesa el *corazón*, no la ofrenda. Le preocupa más el dador que el don. No deberíamos dejar caer algo de dinero en el plato de la ofrenda. Se nos enseña que *pensemos* en lo que vamos a dar, que *oremos* en cuanto al monto, que escudriñemos nuestro *corazón* con respecto a nuestras motivaciones (el corazón es engañoso y espantosamente perverso, ¡ya lo sabes!: Jeremías 17:9), que tomemos una *decisión*, y que luego demos... con regularidad, en oración y de acuerdo con lo que nos proponemos.

7. Debemos dar con generosidad.

También debemos dar con generosidad, «abundar» en la gracia de dar (2 Corintios 8:7). Y junto con esta generosidad abundante y esta gracia de dar, debe estar presente el elemento de la alegría. De nuevo, Pablo escribe para decirnos que no debemos dar «con tristeza ni por necesidad, porque Dios ama al dador alegre» (2 Corintios 9:7). Aquí tenemos un cuadro «alegre» de dadivosidad: imagínate cuando das tu ofrenda o contribución, arrojándola con exuberancia hacia el cielo. Imagínate gritando mientras la arrojas hacia arriba: «¡Aquí está, Señor! ¡Gracias,

Señor! Te amo. ¡Espero que la semana que viene tenga más para darte!».

Es evidente que existen muchas *maneras* (buenas y malas) de dar: con alegría, con mucho gusto, con tristeza, con reservas o con dolor y por obligación. También existen muchos *lugares* para dar. Aun así, no cabe duda que tu iglesia es de vital importancia para Dios: es tan importante que incluyó instrucciones detalladas en la Biblia para que las sigamos. Por lo tanto, esta disciplina de dar a la iglesia debería ser la primera hacia la cual nos inclinamos.

Además de dar a nuestra iglesia, yo trabajo duro para alimentar un espíritu generoso, lo que la Biblia llama «un alma generosa» (Proverbios 11:25). Una vez más, la mujer de Proverbios 31 me muestra un ejemplo. Ella, como nuestro Señor, andaba haciendo bienes (Hechos 10:38). Su corazón generoso se describe de esta manera: «Alarga su mano al pobre, y extiende sus manos al menesteroso» (Proverbios 31:20). Sus ojos... su corazón... y sus manos estaban abiertos, y fuera cual fuera la necesidad, se apresuraba a dar.

Todavía recuerdo de manera vívida el día en que comencé a orar todas las mañanas en mi caminata diaria para ser más generosa. Ya ves, había evaluado mi vida espiritual y las siete esferas de administración de la vida de las que estamos hablando en este libro y me había encontrado seriamente en falta en este aspecto de la generosidad. Por lo tanto, decidí comenzar a orar al respecto todos los días. Ahora, le pido a Dios a diario que me ayude a estar atenta a las oportunidades de dar, que me abra los ojos y el corazón y que permita que me entere de las necesidades de los demás. Entonces, me he «propuesto» (como sugiere Pablo) hacer de esta gracia una parte regular de mi vida diaria. No considero que estas sean «obras». Considero que es sintonizar en detalles mi corazón con la Palabra de Dios, con los caminos de Dios, con su gracia y con las necesidades de los demás.

Desearía poder contarte las muchas bendiciones espirituales que hemos recibido mi esposo y yo (Jim jamás tuvo problemas con la tacañería. Su «problema» siempre ha sido ser demasiado generoso, si es que esto se puede considerar un problema) desde que nos dispusimos a reparar esta falla en la gracia de dar. Estas bendiciones siempre permanecerán en secreto, pero ah, yo sé cuáles son... y mi Señor lo sabe... y también lo saben algunos que han recibido ayuda a lo largo del camino.

8. Debes conocer tu situación financiera en todo momento.

Cuando se trata de las finanzas, créeme, la ignorancia no es una bendición. ¿Cómo llegamos a administrar nuestras finanzas como mayordomos para el Señor si ni siquiera sabemos dónde estamos parados ni qué tenemos y qué no tenemos? He conocido madres de recién nacidos que registran con sumo cuidado en un cuaderno la hora exacta en que come su bebé, cuánto come y durante cuánto tiempo. También he conocido mujeres que se encuentran en un serio plan de reducción de peso que siguen de forma estricta y sin vacilaciones las indicaciones de su «instructor» de anotar la hora a la que comen y la cantidad de cada bocado que entra en sus bocas, junto con cálculos matemáticos del número de calorías consumidas.

Querida hermana, esta atención cuidadosa se requiere en cualquier clase de disciplina. La administración de tu dinero, como todas las otras disciplinas, comienza con un conocimiento diario de tu condición financiera.

Esto es lo que a mí me da resultado. Me peso cada mañana. Luego doy un paso más hacia delante y anoto mi peso en mi planificador diario y en mi diario personal. Entonces sé cómo me va. Mi peso sube, baja o me mantengo en la línea. Eso es bueno o malo, según cuál sea la meta específica del momento, pero al pesarme todos los días, sé desde el comienzo si debo cuidarme con mayor cuidado con lo que como o si estoy bien. También conozco la tendencia que sigue mi peso.

Pues bien, lo mismo hago con las finanzas familiares. Me conecto en línea cada mañana y controlo el saldo de nuestro banco. (Y si no usas la computadora y la Internet, siempre puedes revisar tu chequera o marcar el número gratuito de la línea de atención al cliente de tu banco a fin de obtener un registro de tus saldos). De cualquier manera, escribo nuestro saldo en un pequeño cuaderno con la fecha de cada día. Es lo mismo que controlar mi peso: sé cómo nos va en el aspecto financiero. Los saldos suben, bajan o se mantienen en línea. Eso es bueno o malo, según cuál sea la meta específica del momento, pero al conocer la condición financiera todos los días, sé al comienzo de cada mañana si debo controlar los gastos con más cuidado o si estamos bien. También conozco la tendencia que toma la administración de nuestro dinero (o la falta de la misma).

9. Debes tener una reserva.

Este es un principio muy práctico para tus finanzas. Como escribió Juan Wesley con respecto al dinero: «Gana todo lo que puedas, ahorra todo lo que puedas y da todo lo que puedas». Ese es un buen balance. Gana todo lo que puedas: la Biblia habla bien claro de la obligación de trabajar, y de trabajar mucho. Ahorra todo lo que puedas: vivimos en tiempos de mucha inseguridad y tener algo de dinero en una reserva para tiempos difíciles es un principio sabio. Oliver Wendell Holmes lo dijo de esta manera: «No pongas tu confianza en el dinero, pero confíale tu dinero a una buena inversión»[3]. Y da todo lo que puedas: pienso que vamos en camino hacia eso.

10. Debes practicar el autocontrol.

El autocontrol se define como el dominio propio, la restricción personal, como la capacidad de contenerse a uno mismo. Gracias a Dios que nos ha dado la gracia y el don del dominio propio o la templanza (Gálatas 5:23). Es uno del fruto del Espíritu. Cuando obedecemos los mandamientos de Dios y caminamos en el Espíritu (versículo 16) y lo buscamos para que nos dé su dominio propio sobre los deseos de nuestra carne, Él nos capacita para frenar esos deseos. Entonces podemos poner en práctica *su* plan para nuestra vida; podemos vivir en *sus* caminos de una manera que lo glorifique... porque *Él* es el que vive *su* vida a través de nosotros.

Miremos a la vida

En caso de que no lo hayas notado, he dejado para lo último los detalles y los procedimientos para administrar esta esfera de nuestra vida financiera. No obstante, existe una razón. Puedes saber todo lo que hay que saber acerca de los libros contables, del presupuesto, de los registros, conciliar las declaraciones bancarias, de las cuentas de ahorro, de los CD, de las tasas de interés, de los planes de retiro, etc. También puedes poseer la habilidad (o la gracia) de decir no, de mantener la línea de tus gastos y de vivir con frugalidad, pero si dejas de conocer el propósito para el cual administras tu dinero, nunca tendrás una verdadera pasión por esto.

Y esa pasión, querida amiga lectora y hermana en Cristo, es a lo que aspiramos en este libro. ¿Ya lo percibiste? ¿Captaste la visión? ¿Ocupa el propósito un lugar preponderante en tu corazón y en tu alma? ¿Comienza a arder esta pasión con más brillo y calor?

Sencillamente no podemos ser indolentes frente a este asunto del dinero. ¡No es nuestro! ¡Es de Dios! Y la manera en que lo administramos para Él es una medida de nuestra madurez espiritual. Y es otra disciplina que nos convierte en las mujeres que deseamos ser: mujeres piadosas, mujeres que viven para Dios, mujeres que lo aman por sobre todas las cosas, mujeres que lo aman lo suficiente como para ocuparse del negocio de los recursos que Él nos ha dado con tanto amor.

Sé que estamos atareadas. Es por eso que elegiste un libro con un título como el que tiene este: *La administración de la vida para mujeres ocupadas*. Aun así, querida amiga, no puedes estar tan ocupada como para descuidar una tarea que el Señor te da: administrar tus finanzas para su gloria. Ser una mujer que no la ate el dinero. Ser una mujer que no tenga otros dioses (en especial el dios del dinero) en lugar de Él. Ser una mujer con una actitud saludable de contentamiento en lo que respecta a tener dinero o amarlo. Ser una mujer que sea capaz de vivir con él o sin él. Ser una mujer que tenga un corazón neutral en el aspecto del apego a las riquezas mundanas.

Terminemos este capítulo con este pensamiento para vivir la vida: Ninguna *persona* está dedicada en verdad a Dios hasta que el *dinero* de esa persona está dedicado a Dios.

Quinta parte

La amistad

La administración de tu vida social

Capítulo 12

Las normas de Dios para tus amistades

En todo tiempo ama el amigo, y es como
un hermano en tiempo de angustia.

PROVERBIOS 17:17

Un día de esta semana pasada descubrí que me estaba inclinando hacia la frustración por la avalancha de interrupciones en mi día. Sin duda, no estaba administrando muy bien las cosas. Entonces decidí anotar de inmediato algo acerca de cada una de las intromisiones en mi plan personal para mi precioso día, a fin de ver qué sucedía.

Pues bien, esas anotaciones fueron muy reveladoras. ¿Saben cuál era la complicación número uno de mi día? ¡La gente!

Para comenzar, nuestro teléfono suena... mucho, y para mi sorpresa, ¡siempre hay alguien al otro lado de la línea! Y en el día que te estoy detallando, nuestra casa recibió un montón de llamadas en espera (lo que quiere decir que teníamos a un montón de personas esperando para hablar con nosotros en el teléfono). Además de las llamadas entrantes, tanto Jim como yo hicimos varias llamadas... a más personas. Llamamos a médicos, a amigos que estaban sufriendo, a miembros de la familia que estaban tanto lejos como cerca, a personas de nuestra iglesia y de otras iglesias, a aerolíneas, a departamentos de venta, a líneas de ayuda de computación. Y así seguía y seguía la lista. (Conoces la escena). Además, en este día en particular vinieron a vernos vecinos, llegaron amigos, la familia se juntó y las mujeres universitarias de la iglesia vinieron a casa a cenar. ¡Y estos son solo los encuentros con personas que tenemos *en* nuestra casa!

Además, teníamos las reuniones con personas fuera de nuestra casa: los empleados de la oficina postal, las muchachas en el salón de belleza, el hombre de la tintorería. Nada más que un día típico, ¿no es cierto?

No cabe duda de que la gente forma una parte sustancial de nuestra vida y son los causantes de gran parte de nuestro ajetreo. Los encuentros sociales en todo nivel son algo que debemos administrar, y es de esperar que lo hagamos a la manera de Dios.

En este libro acerca de la excesiva ocupación, ya es hora de que nos refiramos al tiempo que pasamos con la gente. Somos seres sociales. La necesidad que tenemos de compañerismo y de amistad se desprende de la creación del hombre. Bien al comienzo de la Biblia, en Génesis 2, el segundo capítulo de la Escritura, Dios dijo: «No es bueno que el hombre esté solo; le haré ayuda idónea para él» (versículo 18). Aquí tenemos el comienzo de una unidad social: la pareja. Luego, Dios le dio instrucciones a esta primera pareja, Adán y Eva, las dos primeras personas sobre la tierra, para que se multiplicaran y llenaran la tierra... con otros seres sociales: la familia.

Ni bien termina Génesis, leemos en el libro de Éxodo, el segundo libro de la Biblia, los Diez Mandamientos que Dios le entregó a la humanidad. ¿Sabías que seis de los diez mandamientos que se enumeran en Éxodo 20 tienen que ver con las relaciones sociales? Dios no solo nos dio sus mandamientos para regir nuestras amistades y relaciones, sino que también nos dio algunas otras normas. Al mirar estas normas, te darás cuenta de que las he separado en tres categorías: las amistades con la familia, las amistades dentro de la familia de Dios y las amistades fuera de la iglesia.

Las amistades con la familia

La primera categoría de amistades se centra en la familia que se instituyó en Génesis 2:18. Todo comenzó con...

El matrimonio: Si estás casada, tu esposo debe ser tu primera preocupación. Debe recibir tu primera y mayor inversión de tiempo y esfuerzo cuando se trata de amistades y la administración de tu vida social. Ya hemos hablado sobre las instrucciones que Dios nos da a las esposas de ocuparnos en amar a nuestros esposos (Tito 2:4). Ahora sabemos que se trata del amor de una amistad. Debemos amar a nuestro esposo como a nuestro mejor amigo, como a un preciado hermano, como a un compañero íntimo. Escuchemos lo que la esposa del rey Salomón dijo de su flamante esposo: «Tal es mi amado, tal es mi amigo» (Cantares 5:16). ¿Interpretarías esta misma canción manifestando tus sentimientos hacia tu querido esposo?

También hay otras parejas en la Biblia que nos muestran el lazo de amistad que debe existir en un matrimonio. Eva y su Adán se mantuvieron juntos en las buenas y en las malas del pecado y de la vida. Al ser las dos primeras personas, solo se tenían el uno al otro y a su amistad para apoyarse entre sí.

Elisabet y Zacarías eran compañeros en el matrimonio y sobrellevaron juntos la vida y sus dificultades. Llegaron a los años de su vejez sin tener hijos, pero jamás vacilaron en su devoción el uno hacia el otro y hacia Dios. A través de los tiempos malos y amargos, permanecieron «justos delante de Dios, y andaban irreprensibles en todos los mandamientos y ordenanzas del Señor» (Lucas 1:6).

Es probable que Sara y Abraham marcaran el récord en cuanto a la longevidad de un matrimonio y a la cantidad de años de vida y de problemas que soportaron juntos. Esta pareja piadosa dejó a su familia y se separó de ella y de sus amigos para obedecer el mandamiento que Dios le hizo a Abraham diciendo: «Vete de tu tierra y de tu parentela, y de la casa de tu padre, a la tierra que te mostraré» (Génesis 12:1). La obediencia los llevó a toda una vida de vagar por tierras extranjeras, sin saber a dónde iban, de habitar en tiendas y encontrarse con peligrosos enemigos. Esta pareja tampoco tenía hijos... hasta que Sara tuvo noventa años y Abraham cien. Le dieron un nuevo significado al sentimiento familiar de: «¡Vamos, envejece junto a mí!».

Querida hermana, si estás casada, la amistad con tu esposo debería ser una meta y una prioridad. Tal vez algo ha sucedido en tu matrimonio que los ha distanciado y, ahora, la amistad que se perdió hace tiempo parece imposible de revivir y demasiado difícil o demasiado desahuciada como para reconquistarla. Aun así, pídele a Dios a través de la oración que primero trabaje en *tu* corazón. Pídele que perdone cualquier clase de dureza en tu corazón, y pídele que te ayude a *desear* ser la compañera y la amiga de tu esposo. Luego, mientras te ocupas de administrar tu atareada vida de tal manera que la porción del pastel de la amistad que le toca a tu esposo sea la mayor, pídele a Dios que obre en el corazón de tu *esposo*. Después de todo, ¿no fueron los mejores amigos en un tiempo? ¿Por qué no intentar reavivar esa amistad? (Y no lo olvides... allí donde esté tu tesoro, estará también tu corazón).

Los hijos: En un capítulo anterior consideramos la instrucción que Dios les da a las mujeres de que amen a sus esposos y a sus hijos (Tito 2:4). También vimos que el tiempo que pasamos con las amigas no figura en la lista de cosas que las ancianas cristianas deben enseñarles a las mujeres más jóvenes. Estas otras relaciones tienen un lugar en nuestra vida... pero no un lugar prominente. Los lugares privilegiados están reservados para el esposo y para los hijos, y debemos administrar nuestro tiempo y nuestras amistades de manera acorde.

Es asombroso pensar en la oportunidad que tenemos como madres de impactar al mundo a favor de Jesucristo (por la gracia de Dios y con su imprescindible ayuda) al disponer nuestro corazón, nuestra mente, nuestra energía y esfuerzos, y tiempo, para criar (Dios mediante) otra generación de cristianos. Piensa por un momento en estas madres piadosas de la Biblia.

La madre de Moisés entregó su tiempo y su alma a sus hijos... y al hacerlo, le dio a Dios y al mundo a Moisés, a Aarón y a María. Estos tres guiaron al pueblo de Dios para que saliera de Egipto, atravesara el desierto y entrara a la tierra prometida.

Ana, la madre de Samuel, entregó su tiempo, sus oraciones y su devoción a fin de preparar a su pequeño Samuel para una vida de servicio a Dios (1 Samuel 1—2). Él se convirtió en el gran profeta de Dios, en su sacerdote, líder y juez.

Salomón era el amado de Betsabé. Era «el hijo de sus deseos» y el objeto de sus más piadosos esfuerzos y su devoción a Dios (Proverbios 31:2). Su amado Salomón se convirtió en el hombre más sabio que jamás viviera antes de Jesucristo.

La madre de Juan el Bautista era Elisabet. Su tan esperado hijo, Juan, se convirtió en el precursor de Jesús y en un apasionado predicador que preparó el camino para el Mesías. Cuando lo asesinaron, Jesús dijo de él: «Entre los que nacen de mujer no se ha levantado otro mayor que Juan el Bautista» (Mateo 11:11).

Timoteo fue el producto de la obra de Dios a través de un equipo de madre y abuela, Loida y Eunice. Desde la niñez, le enseñaron la Sagrada Escritura (2 Timoteo 3:15) y se convirtió en un «hijo», un hermano y un compañero de equipo para Pablo mientras ministraban juntos a Cristo.

Espero que me escribas si puedes pensar en un solo caso de una mujer en la Biblia cuya amistad con otra mujer (fuera de los parentescos) se mencione en la Escritura. Ya ves, la familia era todo. Las vidas de estas mujeres se centraban en edificar sus hogares y en edificar sus relaciones con la gente que estaba en casa. Sus corazones estaban empeñados en instruir a sus hijos para que amaran, siguieran y sirvieran al Señor.

Sin lugar a dudas, las cosas han cambiado. Con todo, la prioridad, el centro, el latido del corazón de los días de nuestra vida, deben estar dirigidos a nuestros seres queridos: nuestro esposo, nuestros hijos y nuestros nietos. Preciosa madre, cuando mueras, ¿qué quieres dejar atrás? ¿Quieres dejar la membresía de un club? ¿Una pandilla de amigas? ¿Algunas colegas de bridge? ¿Compañeras de golf? ¿O... tu misma preciosa sangre, tu hijo que se ha convertido en tu amigo y en un amigo de Dios? ¿Qué marca deseas dejar en el mundo? ¿Qué me dices de la marca de un hijo que impacta al mundo para Cristo? ¿Qué me dices de otro corazón encendido y apasionado que arde para Cristo y que, a su tiempo, encenderá la antorcha, Dios mediante, de otra generación más de cristianos?

Preciosa madre, ¡cuida tu valiosísimo tiempo! Asegúrate de gastarlo en el mejor lugar y en la mejor búsqueda: el precioso corazón de tu hijo. Aunque tu amado hijo se haya extraviado y no siga a Cristo, nunca te des por vencida. Nunca renuncies. Nunca dejes de alimentar la amistad. Entrégate por completo, entrega todo lo que sea necesario, todo el tiempo y toda la oración que puedas pronunciar. Nunca olvides que «El amor es sufrido, es benigno [...] Todo lo sufre, todo lo cree, todo lo espera, todo lo soporta. El amor nunca deja de ser» (1 Corintios 13:4,7-8). ¿Quién sabe lo que Dios puede hacer?

Los padres y hermanos: Otro fuerte eslabón que se debe forjar en la cadena social también está compuesto por la familia: tus padres, tu familia política, tus hermanos y la familia extendida. Ellos también deben recibir una porción significativa del pastel de tu tiempo y atención.

En primer lugar, tus padres. La Biblia está llena de enseñanzas sobre el respeto y el honor que merecen los padres debido a su posición. La enseñanza que escuchamos con mayor frecuencia es la que proviene de Efesios 6:2-3: «Honra a tu padre y a tu madre, que es el primer mandamiento con promesa; para que te vaya bien, y seas de larga vida sobre la tierra». Este versículo cita de manera textual palabras sacadas de los Diez Mandamientos (Éxodo 20:12). Es evidente que Dios está interesado en la relación que tenemos con nuestros padres.

No puedo hacer todo el énfasis suficiente en la necesidad de que, como mujeres cristianas, alimentemos la relación con nuestros padres. Y, si estamos casadas, debemos darles la misma atención a los padres de nuestro esposo. Estas conexiones familiares, ordenadas por Dios, son importantes para Él. Alimentarlas no es optativo. No, es un mandamiento. Y nuestra madurez espiritual se revela a través de la capacidad que tenemos de llevarnos bien con nuestros padres y suegros. Dios nos ha dado a todas la gracia (2 Corintios 12:9), todo el amor (Gálatas 5:22) y todos los recursos (2 Pedro 1:3) que necesitamos para llevarnos bien con todos... incluso con nuestros padres y suegros.

A continuación, consideremos a nuestros hermanos. Las relaciones con nuestros hermanos y hermanas, con otros parientes políticos y con la familia extendida siguen siendo relaciones familiares que se deben cultivar con amor, con esmero y a propósito. No te preocupes demasiado por si tienen las mismas creencias o los mismos puntos de vista. En cambio, dedícale un tiempo de oración a cada uno de ellos y pídele a Dios que te muestre las maneras de expresar amor. Descubrirás (una vez más) que cuanto más ores por los miembros de tu familia y los traigas a ellos, y a tu corazón, delante del trono de la gracia de Dios, más te preocuparás y desearás involucrarte en sus vidas. Y descubrirás (una vez más) que si gastas el «tesoro» de tu tiempo y de tu emoción en oración por estas queridas almas, tu corazón te seguirá (Mateo 6:21).

No puedo resistirme a decir algo sobre los sobrinos. ¡Vaya! ¡Qué impacto puedes producir como tía piadosa en estas bendiciones añadidas a tu vida! Imagínate... ¡pasarte la vida amando y orando por los muchachos y las muchachas... que crecerán para tener sus propios niños y niñas! Me encantan las oportunidades que tengo de autografiar los libros que he escrito para niños[1] a una tía compasiva que quiere regalárselos a sus sobrinos. Amada hermana, Dios desea que la familia sea así: importante, vital, una pasión y una ocupación. Deberíamos sentir ardor cuando se trata de la familia, de cualquiera de sus miembros. Después de todo, son nuestra alma, nuestros parientes de sangre, y tenemos la responsabilidad de cuidarlos, y de cuidarlos profundamente. No hacerlo sería algo antinatural.

Haz un inventario. ¿Hay algún miembro en tu familia al cual no ames como debes, por el cual no hagas el esfuerzo de preocuparte, de orar por él? Sé que en toda familia están los que pueden ser más difíciles. Comprendo que, a través de los años, suceden cosas en las relaciones familiares; pero para estar completas, sin culpa, para ser lo que debemos ser delante de Dios, mujeres que deseen vivir de acuerdo con las normas de Dios, debemos hacer el esfuerzo, buscar al Señor para que nos ayude y ponernos la meta de mejorar cualquier relación turbulenta. ¡No te des por vencida en convertirte en una amiga de tus familiares!

Ahora, preciosa hermana, ¿cómo están tus relaciones familiares? ¿Ocupan el lugar más importante de tu corazón y de tu cargado programa? ¿Glorifican a Dios? ¿Los miembros de tu familia son las personas prioritarias en tu vida? Tus esfuerzos diarios, tus planes, tus calendarios, ¿reflejan un compromiso de tu parte para tratarlos como tales?

Las amistades dentro de la familia de Dios

Después de la familia carnal viene la familia de Dios. Los cristianos son miembros de la familia de Dios, herederos de Dios y coherederos con Cristo (Romanos 8:14-17). Por lo tanto, los creyentes son hermanos y hermanas en Cristo. Esto quiere decir que ambas tenemos una tremenda responsabilidad hacia la familia de Dios. Creo firmemente que nuestros mejores amigos deberían ser cristianos, creyentes que nos empujen hacia delante y hacia arriba para que nos parezcamos cada vez más a Cristo. Nuestros mejores amigos deberían ser los compañeros de nuestra alma. Deberían ser cristianos fuertes, de ideas afines, que nos ayuden a pensar de la mejor manera, a hacer las obras más nobles, y a que saquemos lo mejor de nosotras mismas.

Eso eran el uno para el otro los dos amigos del Antiguo Testamento, Jonatán y David. Eran compañeros del alma. Eran, como definió la amistad el gran filósofo Aristóteles, «un alma que habita en dos cuerpos»[2]. ¿Qué hizo que su amistad sea una guía para nosotros? ¿Qué tenían en común que de tal manera entretejió sus corazones y sus almas? ¿Cuál fue la receta que estableció la amistad de ellos como el modelo de Dios para todos?

Amor al Señor: Antes de conocerse, Jonatán y David poseían un alma y un corazón que ardía y vivía para una sola cosa: el Señor. La pasión y el propósito de estos hombres era Dios: vivir para Dios, servir a Dios, agradar a Dios, ser usados por Dios y ensalzarlo. Luego, al minuto que se conocieron, sus corazones centrados en Dios se entretejieron juntos. Como alguien bien comentó:

> Las almas grandes se buscan por instinto, exigen
> una alianza y se funden en la amistad[3].

Cuando el gran alma de David se enfrentó a Goliat y el gran alma de Jonatán vio y escuchó cómo David derribó al gigante «en el nombre de Jehová de los ejércitos, el Dios de los escuadrones de Israel» (1 Samuel 17:45), Jonatán amó de inmediato a David como a su propia alma y viceversa. Así nació una amistad. ¿Por qué? Porque estos dos hombres vieron la vida desde la perspectiva de Dios. Ellos...

> respondían a la misma autoridad,
> conocían al mismo Dios,
> iban por el mismo camino,
> anhelaban las mismas cosas,
> soñaban los mismos sueños,
> ansiaban tener las mismas experiencias
> de santidad y adoración[4].

Amor del uno hacia el otro: ¿Cómo se expresaban este amor fraternal? ¿Cómo vivían Jonatán y David esta amistad?

✓ Deseaban lo mejor el uno para el otro. No existían celos de la posición, el éxito, ni los logros del otro. Por el contrario, Jonatán y David siguieron el ideal bíblico de gozarnos con los que se gozan (Romanos 12:15) y con los que reciben honra (1 Corintios 12:26). Buscaron, apoyaron y se deleitaron en lo mejor para el otro.

✓ Alentaron lo mejor de cada uno. ¿Cómo lo hicieron? Se «fortalecieron» el uno al otro «en Dios» (1 Samuel 23:16). Se apoyaron entre sí en el aspecto espiritual y se impulsaron hacia arriba, hacia el Señor. Esa es una de las medidas de la verdadera amistad porque «siempre y cuando alguien te empuje más cerca de Dios, esa persona es tu amiga»[5].

✓ Le dieron lo mejor de sí al otro. Cuando se necesitaba lealtad, daban lealtad. Cuando se necesitaba protección, daban protección. Cuando se requería reafirmación, daban reafirmación. Cuando la corrección era de vital importancia, daban corrección. A través del tiempo que pasaban juntos, de la oración del uno por el otro, de las palabras de exhortación que se daban y de la adoración, Jonatán y David le dieron lo mejor de cada uno al otro.

Ahora bien, querida mía, ¿con quién pasas la mayor parte de tu tiempo? ¿Tus amigos más cercanos pertenecen a la familia de Dios? ¿Caminan en la misma dirección: hacia el Señor que tienen en común? ¿Son compañeros del alma que también aspiran hacia las normas más altas de Dios?

Jonatán y David eran *compañeros del alma*.

Hay también otra clase de compañerismo en la familia de Dios y son los compañeros de ministerio. Cuando ministras junto a alguien, nace una amistad profunda. Ya sea que ayudes en un comité, hagas los preparativos y la limpieza para los sucesos especiales, visites con otra los hogares de los convalecientes, o sirvan juntas en el ministerio de la cárcel, el lazo será firme. Eso fue lo que les sucedió a Pablo, Timoteo y Silas. Amaban y servían al mismo Dios y eran amigos inseparables.

Y eso era lo que sucedía en el ministerio que pastoreaba mi esposo. Como pastor de evangelización, su tarea en nuestra iglesia era organizar y preparar equipos para que salieran a hacer visitación y a testificar del evangelio de Jesucristo con otros. El grupo dedicaba un tiempo intensivo a la memorización y preparación de la Escritura. Luego, antes de que cada equipo saliera de la iglesia, tenían un tiempo intensivo de oración con el propósito de que hubiera puertas y corazones abiertos. Estoy segura de que no te sorprenderá saber que entre los miembros de los equipos y del grupo se formaron amistades para siempre. ¿Por qué? La razón es el ministerio común. Juntos participaban en las agonías del ministerio, en el trabajo espiritual y, con los brazos entrelazados, peleaban en la batalla lado a lado, hombro con hombro. Sus amistades no se basaban en la relación matrimonial, en el trabajo que desempeñaban, en sus edades ni las edades de sus hijos. No, se habían establecido en medio del servicio a Dios, de orar juntos, del estudio de la Palabra de Dios y de una causa espiritual. Una vez que has gustado lo que es una amistad formada con un compañero de ministerio, desearás ese elemento en todas tus amistades... además, ¡así debería ser!

Compañeros del alma y compañeros de ministerio. ¡Qué bendición! Además, la iglesia está llena de otros compañeros: todos los santos que componen el cuerpo de Cristo. Y nosotras tenemos la responsabilidad de ser sus amigas y de servirlos también.

En los capítulos referentes al «ministerio», dedicaremos algún espacio en el cual nos deleitaremos en las relaciones con quienes están en la iglesia y el tiempo que les dedicamos. Por ahora, tan solo recuerda: debemos amarnos los unos a los otros (Juan 13:34), y estimularnos al amor y a las buenas obras (Hebreos 10:24).

Amistades fuera de la iglesia

Todos tenemos conocidos: vecinas, compañeras de trabajo, gente con la cual nos encontramos de forma regular fuera de la iglesia. Entonces, ¿te das cuenta de que, a medida que entablamos amistad con cada una de estas queridas almas, en cada encuentro...

> ... Cristo se ve a través de nuestro amor,
> ... la semilla del evangelio se siembra y se riega y
> ... un alma es tocada con la bondad de Dios?

Al cultivar estas relaciones superficiales, nunca deberían quedar dudas acerca de nuestra relación con Dios a través de Jesucristo. No somos «agentes encubiertos». De ninguna manera; junto con nuestra amistad, con nuestra genuina preocupación y nuestras acciones bondadosas, debemos ser osadas y francas con relación a nuestra fe en Cristo. Deberíamos orar con fidelidad y seriedad a fin de tener la oportunidad de presentarle a estas amigas a nuestro Salvador. No tenemos mayor regalo para darles que el conocimiento de la salvación a través de Jesucristo. Eso era lo que Pablo deseaba. Oraba en Colosenses 4:3-6 por sí mismo y por todos los creyentes a tal efecto:

> Para que el Señor nos abra puerta para la palabra,
> a fin de dar a conocer el misterio de Cristo, por
> el cual también estoy preso, para que lo manifieste
> como debo hablar.
> Andad sabiamente para con los de afuera,
> redimiendo el tiempo. Sea vuestra palabra
> siempre con gracia, sazonada con sal, para que
> sepáis cómo debéis responder a cada uno.

Ya viene más en cuanto a cultivar amistades, pero por ahora, haz tuya la oración de Pablo y decídete no solo a *alcanzar* a quienes te rodean, sino también a *hablarles con claridad*.

Miremos a la vida

Querida amiga, uno de los ingredientes clave de la vida es la gente... y la gente lleva tiempo. Lo mismo sucede con las amistades. Al recordar de nuevo el ajetreado día que detallé al comienzo de este capítulo, quiero decirte que fue un día maravillosamente ocupado. Cada una de las personas que se cruzó por mi camino aquel día era un amigo enviado por Dios y representaba una parte de su propósito para mi día y mi vida. Y cada uno de ellos era un alma, un alma necesitada... de algo. En muchos casos, lo único que se requería era solo una gran sonrisa y un caluroso saludo. En otros, lo que se necesitaba era una palmada, un abrazo, una palabra amable. Para uno o dos, fue un llamado que los alentara y los alegrara. Lo que otra necesitaba era un corazón que la escuchara y alguien que orara con ella por teléfono. Y en el caso de las mujeres universitarias... bueno, el vehículo en el que venían quedó atrapado en un río crecido, lo que hizo que llegaran empapadas dos horas más tarde. En este caso, se necesitaron pijamas y camisetas secas (mientras poníamos a secar sus ropas en la secadora), un tazón de chile caliente y un fuego en la chimenea.

Tú y yo debemos administrar nuestro tiempo y nuestras vidas, nuestros proyectos y prioridades, y encontraremos las maneras de hacerlo. Descubriremos el equilibrio. Sin embargo, el aspecto social de nuestra vida tiene que ver con *personas*. Con *almas*. Y nuestro llamado en primer lugar es a ser amigas de todos. ¡Vaya!, nuestro Jesús fue el amigo de los pecadores (Mateo 11:19) y es nuestro amigo, que es más unido que un hermano (Proverbios 18:24).

Si en verdad nos interesa vivir una vida de pasión y propósito, tendremos que admitir que uno de nuestros propósitos es ser amigas de todos. Por lo tanto, *debemos* alimentar y administrar todas nuestras amistades:

- nuestras amistades *internas*: con el esposo, los hijos y la familia.

- nuestras amistades *constantes*: con las mejores amigas,

- nuestras amistades *superficiales*: con los conocidos, y

- nuestras amistades *«casuales»*: con los desconocidos.

Capítulo 13

Diez disciplinas para administrar tus amistades

No dejes a tu amigo.
PROVERBIOS 27:10

En nuestros días de cercas, paredes divisorias, barrios privados con sus perímetros cerrados, rascacielos y condominios con personal de seguridad, es fácil que nos encontremos con una pared que nos separa de la gente. Si a estas barricadas le añadimos los contestadores telefónicos y los sistemas para el bloqueo de llamadas, las oportunidades de tener amistades y encuentros interesantes con la gente se vuelven cada vez más escasas. Sin embargo, las amistades son una parte del plan de Dios y un medio importante para el crecimiento mutuo, para el aliento, el estímulo, el aprendizaje y el amor... sin mencionar la evangelización y el testimonio. Las amistades bíblicas nos bendicen, sin lugar a dudas, y nos edifican.

La Biblia nos proporciona un rico álbum de retratos de preciosas amistades para que examinemos, apreciemos y copiemos. Desde el Antiguo Testamento hasta el Nuevo, podemos ver las amistades entre los santos. Por ejemplo:

David, como ya hemos visto, tenía a su Jonatán... y viceversa (1 Samuel 18—20).

El rey Saúl tenía a hombres leales que arriesgaron sus vidas para quitar su cuerpo y el de sus hijos del lugar de la ejecución (1 Samuel 31).

Elías tenía a su fiel Eliseo que se negó a abandonarlo (2 Reyes 2).

Jesús tenía a José de Arimatea que arriesgó su vida para recuperar el cuerpo del Maestro después que huyeron sus discípulos (Lucas 23 y Juan 19).

Pablo tenía a Priscila y Aquila, sus colaboradores en Cristo, que arriesgaron sus cabezas por el apóstol (Romanos 16).

Pablo tenía amigos que lloraron ante la idea de su posible muerte (Hechos 13).

Pablo también tenía a Tito (2 Corintios) y a Onesíforo (2 Timoteo 1).

De estos y otros ejemplos aprendemos muchas de las disciplinas bíblicas y los hábitos que crean y definen las amistades. Tómate a pecho las disciplinas que siguen a continuación y aplícalas a ti misma mientras procuras ser una mejor amiga de todos. A medida que avanzamos en esta lista, ten en mente que todas las disciplinas se ajustan a tus relaciones con los de tu familia, los de la familia de Dios y todas las demás amistades.

1. Sé leal.

Márcalo bien: la cualidad más atractiva y perdurable entre dos amigos es la lealtad. Como dice, un tanto en broma, un proverbio inglés: «Dios me libre de mis amigos; yo puedo hacerme cargo de mis enemigos».

En el último capítulo fuimos testigos y analizamos las maravillosas cualidades que marcaron la amistad entre David y Jonatán. Ahora bien, *aquí* existió una amistad entre dos partes que eran leales por igual. La lealtad de Jonatán se extendió al punto de enfrentar a su propio padre, el rey Saúl, en defensa de David. Y la lealtad de David se extendió a la siguiente generación, cuando cumplió la promesa que le hizo a Jonatán de cuidar a su familia. Estos dos compañeros del alma pusieron en práctica el principio que se enseña en Proverbios 18:24: «Y amigo hay más unido que un hermano». Tal es la marca de la lealtad.

Es lamentable, pero David también nos enseña acerca de la angustia que causa la *deslealtad* entre amigos. En el Salmo 41, derrama su corazón delante del Señor hablándole de sus enemigos. Cuenta con tristeza que «aun el hombre de mi paz, en quien yo confiaba, el que de mi pan comía, alzó contra mí el calcañar» (versículo 9). Una traducción de este versículo se refiere al traidor como al «amigo del alma» de David y dice que «su amigo *más cercano* y en el cual *más confiaba*» se volvió contra él[1]. Escucha el tono patético de David en este pasaje: «Porque no me afrentó un enemigo, lo cual habría soportado; ni se alzó contra mí el que me aborrecía [...] sino tú, hombre, al parecer íntimo mío, mi guía, y mi familiar; que juntos comunicábamos dulcemente los secretos, y andábamos en amistad en la casa de Dios» (Salmo 55:12-14). No podemos dejar de pensar en la traición suprema, la de Judas hacia Jesús, uno de los suyos, uno de sus doce discípulos, ¡uno al cual llamó «amigo»! (Mateo 26:50).

Todos hemos sufrido el dolor de uno o dos amigos renegados. Es de lamentar, pero hasta en las iglesias y entre cristianos, aquellos en los que más confiamos nos pueden traicionar. Sucede, aunque no le demos crédito. Aun así, lo más importante en tus amistades es que *tú* seas leal. No puedes asumir la responsabilidad del comportamiento de la otra persona, pero tienes la responsabilidad por el tuyo. Cerciórate de seguir estas normas para la lealtad en las amistades:

Lealtad: «No dejes a tu amigo»
(Proverbios 27:10),

Devoción: «En todo tiempo ama el amigo, y es
como un hermano en tiempo de angustia»
(Proverbios 17:17), y

Silencio: «El que cubre la falta busca amistad; mas el que
la divulga, aparta al amigo» (Proverbios 17:9).

Querida amiga, un alma verdadera permanece junto a su amiga... pase lo que pase. Ah, algunas veces quizá haga falta la corrección y un consejo saludable. Eso forma parte de una verdadera amistad: «Fieles son las heridas del que ama» (Proverbios 27:6). Sin embargo, no existe la deserción. Como dice una definición de lo que es un amigo que merecería un premio: «Amigo es aquel que viene cuando todo el mundo se ha ido»[2]. En resumen, permanece fiel, ¡y quédate callada!

2. No lleves la cuenta.

Jamás olvidaré el día en que descubrí el verdadero significado de uno de los versículos en el capítulo del amor de la Biblia, 1 Corintios 13. Lo había leído muchas veces: «no guarda rencor» (versículo 5). Pensaba que sabía lo que quería decir. Aun así, por debajo de estas palabras que al parecer se entienden, existe un mensaje sorprendente. El amor «no guarda rencor» quiere decir que el amor «nunca suma los errores, no lleva la cuenta de ellos, no tiene un registro de las cosas malas»[3]. El amor no lleva la cuenta de los errores. Algunas veces escucho a una madre que le dice a su hijo: «Ya has hecho lo mismo dos veces, si lo haces una tercera vez, te voy a hacer tal y tal cosa».

Esta quizá sea una manera de disciplinar e instruir a un hijo, pero *no* es lo que se debe aplicar en la amistad. Los verdaderos amigos *no* llevan la cuenta ni tienen un registro de los errores, las fallas ni las ofensas. Los verdaderos amigos *no* cuentan hasta tres, ¡ni hasta diez! Los verdaderos amigos *no* dicen: «Te daré tres oportunidades de equivocarte» ni «diez», y luego quedas fuera de mi lista. No, los verdaderos amigos son amigos... punto y aparte.

La amistad no lleva la cuenta de los errores ni de ninguna otra cosa. ¿Alguna vez has oído a alguien decir: «Los García nos invitaron a cenar. Ahora nosotros tenemos que devolverles la invitación», o «Nosotros invitamos a los García a cenar. Me pregunto por qué no nos habrán invitado a su casa»? Sé que mucha gente considera que «devolver un favor» es una práctica normal de la hospitalidad, hasta una obligación. No obstante, los verdaderos amigos no llevan la cuenta.

Los verdaderos amigos tampoco se sienten mal cuando no se recuerda un cumpleaños. Los verdaderos amigos no prestan atención si les devuelves la llamada telefónica todas las veces o de inmediato. Los verdaderos amigos no se mueven de su lugar cuando pasa el tiempo y no existe contacto. En las verdaderas amistades no existen motivaciones equivocadas, impuras ni egoístas. No hay cálculos, no se llevan registros, no se juega (ni se registra el puntaje), no se paga con la misma moneda. A los verdaderos amigos no les importa si no tienes la oportunidad de conversar en la iglesia, si no se sientan juntos en las reuniones especiales o en los estudios bíblicos, si pasas tiempo con otra persona, si formas parte de otros grupos.

En su lugar, los amigos, los *verdaderos* amigos, entienden y apoyan tus compromisos, tus responsabilidades y tus prioridades (y tu vida ocupada). Hasta te ayudan con todas estas cosas. Se entusiasman y les encanta que tengas éxito, que sirvas al Señor y a su pueblo. Se gozan (1 Corintios 12:26) cuando recibes honra, cuando alcanzas una meta, cuando te va bien en lo que emprendes. Y comprenden el tiempo que te lleva vivir de acuerdo con el plan y los propósitos de Dios, el tiempo que te lleva tu mayordomía, los dones espirituales y tus prioridades. Se deleitan en orar por ti, en alentarte, en ayudarte mientras vives para Dios y para los demás.

Como alguien bien dijo: «La amistad es como Dios, que da y no pide nada a cambio»[4].

Cerciórate de hacer lo que Jesús dijo que hicieras (y lo que Él hizo): cerciórate de dar... sin esperar nada a cambio (Lucas 6:35).

3. Sé respetuosa y sensible.

Una de las maneras de ser respetuosa es desaparecer del mapa. Existe una multitud de maneras en las que los amigos se pueden comunicar sin tener que estar juntos físicamente. Tenemos el teléfono, el correo electrónico, también los servicios postales... ¡y la oración! Como nos enseña el proverbio: «Detén tu pie de la casa de tu vecino, no sea que hastiado de ti te aborrezca» (Proverbios 25:17), y «El que bendice a su amigo en alta voz, madrugando de mañana, por maldición se le contará» (Proverbios 27:14).

Aquí tienes cómo es el trato con mis amigas. Cuando llamamos por teléfono, siempre preguntamos: «¿Es un buen momento para hablar? ¿Todos se han ido (los hijos a la escuela, el esposo al trabajo)?» Y si no es un buen momento, decimos: «Te llamaré más tarde», o «Llámame cuando te resulte conveniente».

También llamamos antes de pasar por la casa de la otra. No existen las sorpresas. Como dije antes, cada una tiene sus metas, sus proyectos, sus responsabilidades, sus ministerios, sus preparativos para la familia y el hogar. Todas tenemos que servir a nuestra familia, todas tenemos que hacernos cargo del trabajo de la casa, de nuestros tiempos devocionales, todas tenemos nuestros ministerios para los cuales nos tenemos que preparar. Y, como dije, respetamos y apoyamos estas obligaciones, hasta tratamos de ayudar cuando y como podamos... ¡incluso si eso quiere decir que nos hagamos humo!

4. Sé sincera... y sé atenta.

La primera regla en las amistades es *¡No se permiten adulaciones!* La Biblia dice: «El hombre que lisonjea a su prójimo, red tiende delante de sus pasos» (Proverbios 29:5). La adulación tiene sus raíces en el egoísmo: ¡desea algo a cambio! En lugar de hacer adulaciones huecas, nosotras, como cristianas, podemos elogiarnos las unas a las otras. Eso quiere decir que debemos proponernos resaltar algo que es verdad acerca de la otra. Debemos mencionar a propósito algún rasgo evidente que hayamos notado del carácter, de la nobleza, del valor, del esfuerzo, del cambio o del crecimiento de una amiga. Seríamos algo así como animadoras espirituales. Decimos: «¡Bien hecho! ¡Lo lograste! ¡Así se hace! ¡Sigue así! ¡Nos estás dando un buen ejemplo a mí y a todos los demás!».

Una de las más ricas bendiciones de una sólida amistad es la sinceridad. La Biblia lo dice de esta manera: «Fieles son las heridas del que ama» y «El ungüento y el perfume alegran el corazón, y el cordial consejo del amigo, al hombre» (Proverbios 27:6, 9). Muchos te criticarán, pero pocos son los que serán sinceros contigo. Recuerda que si (como David y Jonatán) tú y tus amigas se han comprometido a impulsarse hacia arriba y hacia delante mientras luchan juntas por crecer en devoción y en el caminar con Dios, siempre procurarán estimularse, exhortarse e animarse la una a la otra «al amor y a las buenas obras» (Hebreos 10:24-25). La verdadera amistad exige verdad. Como lo dice el título de un libro, *Caring Enough to Confront* [Me importas lo suficiente como para enfrentarte], demanda el enfrentamiento.

La sinceridad es el extremo emisor de una amistad, pero también debe existir un extremo receptor. Es decir, cuando recibimos la sincera exhortación de una amiga, debemos prestarle atención. El orgullo nos tienta a desestimar o a resentirnos contra lo que quizá se nos ha dicho con mucha oración y esmero. Si no escuchamos, el crecimiento se puede ver obstaculizado. El cambio se puede encontrar con un impedimento. El desarrollo espiritual puede posponerse. Aunque alguno te diga algo con una motivación equivocada o de la manera desacertada, ¡escucha!, y luego lleva el asunto a Dios en oración. Pídele que te revele cualquier pizca de verdad que pueda haber en lo que te han dicho. Luego realiza los cambios o sigue el consejo... ¡y dale gracias a tu amiga! Dale gracias por preocuparse lo suficiente como para ayudarte a crecer en la semejanza de Cristo, por corregir algún punto débil en tu conducta o en tus relaciones.

La amistad es un camino de dos vías: hablamos la verdad en amor (Efesios 4:15), y prestamos atención cuando otros hablan la verdad en amor.

5. Ten cuidado con el sexo opuesto.

En las amistades no deben existir los celos... ¡excepto en la amistad con tu esposo! Dejemos que la escritora y discipuladora Anne Ortlund lo explique. Escribió estas palabras que llaman a la reflexión acerca de la relación entre esposo y esposa: «Ora pidiendo más [...] celos [...]. Lo opuesto a los celos santos es la indiferencia. Es no importarnos si alguien le está echando el ojo a nuestro cónyuge; es ser buena y comprensiva frente a pequeños coqueteos; es tener tolerancia cuando dos parejas se vuelven demasiado osadas, demasiado cercanas la una a la otra, y las palabras y las acciones se vuelven riesgosas en nombre de la amistad; es ser tolerante con la infidelidad [...]. Alrededor de ustedes dos debe existir una barrera invisible que los mantenga unidos, de tal manera que jamás nadie logre invadirlos»[5].

6. Procura testificar en tus encuentros.

Todas tenemos lo que muchos llaman encuentros «casuales» o «fortuitos» con extraños. Aunque tú y yo sabemos que no existe tal cosa como la coincidencia o la casualidad en los encuentros. Como hijas de Dios, sabemos que todos estos encuentros son providenciales porque Dios los arregla.

Cuando uno de estos encuentros tiene lugar, al menos podemos tener tres maneras de ministrar a la persona que se nos cruza en el camino... aunque sea durante unos pocos segundos.

- *El ministerio de la simpatía.* Cada vez que paso junto a una persona, siempre pienso en Jesús que era «amigo de pecadores» (Mateo 11:19) y que «anduvo haciendo bienes» (Hechos 10:38). Entonces le pregunto a mi corazón: «¿Qué puedo darle a esta persona? ¿Una sonrisa (y me refiero a una *gran* sonrisa)? ¿Un saludo caluroso?». Tanto tú como yo podemos ministrar simpatía de estas sencillas maneras. (Y procura que tu rostro, tus ojos y tu voz se «iluminen» cuando sonríes o hablas).

- *El ministerio del aliento.* Este ministerio debería fluir frente a cualquiera con el que te encuentras, aunque sea tan solo por un minuto. Una vez más, pregúntale a tu corazón: «¿Qué puedo darle a esta persona? ¿Una palabra de aliento? ¿Un oído que la escuche? ¿Una palmada de consuelo?». (Y, por supuesto, eso va acompañado por la gran sonrisa y el caluroso saludo).

  Por ejemplo, me hallaba en un encuentro de mujeres cristianas que se realizaba en un hotel. Al entrar al baño de damas, una empleada se encontraba limpiando el lugar. Primero sonreí... luego la saludé... y luego le dije: «Gracias por todo lo que hace para que este lugar esté tan bonito. ¡Se ve fabuloso!». Es verdad, era una extraña. También es verdad que quizá nunca más la vuelva a ver en mi vida. Con todo, eso no debería impedirnos desarrollar el dulce ministerio de animar y levantarles el ánimo a los demás. ¿Quién sabe lo que sucede en la vida de otra persona? ¿Quién conoce el dolor, los sufrimientos, la monotonía, la aflicción, el vacío que puede haber allí? Y ¿quién sabe?... tal vez Dios te use para darle a alguien la única palabra amable que recibirá en las veinticuatro horas del día.

- *El ministerio de testificar.* Cuando Dios te da más que un momento pasajero y un minuto con otra persona, puedes tener la oportunidad de extender el ministerio del testimonio. Con estas personas, el tiempo suficiente como para conversar puede aparecer en los ascensores, en una sala de espera, mientras aguardas en la cola frente a la caja de un supermercado, en el sector de juegos para niños de un parque, en un autobús, en un avión, en un partido de fútbol. Dios hace los arreglos para que pases tiempo con alguien, entonces, debes proponerte usar ese tiempo para ser amigable, para animar y para hablar del Señor. Ora... y luego abre tu boca y expresa algo que indique tu relación con Dios. Algunas veces, no sucede nada... y otras veces, ¡todo sucede! Aunque cerciórate de haber sembrado la semilla del evangelio o, tal vez, de regar la semilla que sembraron otros. Luego pídele a Dios que dé el crecimiento (1 Corintios 3:7-8).

Jim y yo hemos tenido algunos encuentros maravillosos con compañeros de viaje. Y muchas veces nuestros encuentros «casuales» crecieron al punto de intercambiar direcciones. Siempre les envío a estos nuevos «amigos» un libro autografiado, una notita personal y un panfleto que hable de las Buenas Nuevas de Jesucristo. Y si tienen hijos pequeños o nietos, les envío también un libro para los pequeños. ¡Qué alegría es ministrar a estos extraños que Dios nos pone en el camino! Algunos de ellos se han convertido en amigos a larga distancia y en amigos por correspondencia. ¿Cómo sucedió? Todo vino a raíz de la decisión de extendernos y ser sensibles a las necesidades de los demás.

7. Sé alguien que anime sin cesar.

¿Recuerdas los hermosos detalles de la amistad entre David y Jonatán? De manera más específica, ¿recuerdas lo que la Biblia dice sobre Jonatán que «fortaleció» a David «en Dios» (1 Samuel 23:16)?

Pues bien, aquí veremos lo que otras hacen para alentarme. Me siento alentada cuando...

... alguien me dice que está orando por mí. En realidad, una querida «mejor amiga» acaba de enviarme lo que ella llama «un ángel de oración». Su nota decía que el pequeño ángel arrodillado de siete centímetros era para que lo sentara en mi escritorio, así cada día, cuando lo veía, recordaba que una persona oraba por mí a diario. ¡Eso sí que es alentador!

... alguien me envía una notita de valoración... sin ninguna razón en especial. Un día me llegó por correo una pequeña tarjeta de «Winnie de Puh», recortada con la forma de ese osito redondo y adorable. En el interior, la mujer había escrito estas palabras: «Querida Elizabeth: Has sido de mucha ayuda para mí, un salvavidas. Eres para mí una mujer de Tito 2. Gracias y que Dios te bendiga a ti, a tu hermosa familia y a tu ministerio. Recuerda, en Hebreos 6:10: "Porque *Dios* no es injusto para olvidar vuestra obra y el trabajo de amor que habéis mostrado hacia su nombre, habiendo servido a los santos [como yo] y sirviéndoles aún"». Y la mujer firmó con las siguientes palabras: «Te ama xxx» y su nombre.

Amiga, debo decirte, en primer lugar, que esa tarjeta llegó en un momento en que mi corazón estaba tan por el piso, ¡que no sabía si alguna vez se volvería a levantar! Y en segundo lugar, después de todos estos años, todavía la llevo en mi diario personal que va conmigo a todas partes. ¿Puedes creerme? Casi no pasa un día en el que no la lea para que este versículo y el amor de esta mujer me refresquen una vez más. ¡Esto sí que es animar! ¡Y jamás he conocido a la querida santa a la que Dios movió a enviarme esta tarjeta!

... alguien es específico en su elogio. Cuando quieres elogiar o animar a alguien, debes estar segura de ser específica. No hables en forma general: «Bueno, eso estuvo grandioso». Y no digas lo que todos dicen: «Doy gracias al Señor por tu vida». Tómate unos minutos más para ser específica. «Siempre he valorado la manera en la que tú...» «Te observé cuando le ministrabas a esa mujer anciana, y me enseñaste una gran lección a través de la manera en que...»

Estoy segura de que puedes añadir sugerencias a mi lista, pero no dejes de ser alguien que anime sin cesar. Mi precioso Jim es una verdadera persona con don de gentes y me enseñó este principio que tiene para sus encuentros con otros: «En cada encuentro, haz que tu objetivo sea que la otra persona se sienta mejor por haber estado en tu presencia». Me hace feliz admitir que este principio se ha vuelto mío también, y espero que se vuelva tuyo.

8. Prioriza tus amistades.

Solo dispones de un tiempo fijo en un día y en una vida. Por lo tanto, es de vital importancia que identifiques con quién pasas la mayor parte de tu tiempo. ¿Con tu familia, tus mejores amigas, los cristianos? ¿Lo pasas con quienes te impulsan hacia arriba y hacia delante en tu crecimiento espiritual y en tu caminar con Dios? ¿Lo pasas con los que te ayudan a poner en práctica el plan de Dios para tu vida con excelencia? ¿Con los que te ayudan a procurar poner la mira en las cosas de arriba? ¿O pasas la mayor parte del tiempo con las muchachas en el trabajo? ¿Con incrédulos? ¿Con alguna vecina que vive cerca? No tiene nada de malo que te brindes a estos conocidos, pero asegúrate de que no te carcoman el tiempo... el tiempo en el que podrías estudiar la Palabra, en el que podrías estar en un estudio bíblico, siendo discipulada o participando en un ministerio. Además, debes asegurarte de alcanzar y ministrar a estas maravillosas relaciones que tienes en el trabajo, etc. Lo mejor que puedes hacer por estas amigas es descubrir (¡eso es lo que quiere decir escuchar!) los detalles de sus vidas, permitirles saber cuánto te preocupas por ellas y que oras por cada una, y pídeles siempre que te acompañen a la iglesia o a tu estudio bíblico. Mejor aun, ¡pídeles que se encuentren contigo para tener juntas un estudio bíblico!

9. Alimenta tus amistades.

Nunca nos despertamos por la mañana y decidimos de manera fría y calculadora: «Creo que hoy descuidaré a mis amigas». No, el descuido es más sutil. ¡Sencillamente nos levantamos por la mañana y ni siquiera pensamos en nuestras amigas! Por lo tanto, debemos alimentar nuestras amistades. Debemos tomar decisiones conscientes en cuanto al mantenimiento y al crecimiento de las amistades, tanto con la familia como con las amigas. Y eso requiere tiempo, cuidado y amor. Requiere algo de dinero, también, para comprar tarjetas, pequeños regalos, algo que, cuando pasamos a su lado, nos grita el nombre de esa persona, algo que ella colecciona, usa, disfruta, lee, valora y le encanta. Puede requerir todavía más dinero, al viajar largas distancias para mantener nuestras preciosas amistades individuales o con otras parejas.

Aquí tienes algunas cosas que hago para alimentar mis amistades. En primer lugar, me cercioro de que mis amigas reciban un ejemplar autografiado y dedicado de cada libro que escribo... sacados de la primera caja que sale de la imprenta. (Y, solo para mantener las cosas en su lugar, mis dos hijas reciben los dos primeros libros que saco de la caja de la imprenta). Luego, en cualquier negocio que me encuentre, por cualquier razón, busco a propósito cosas que les gusten a mi familia y a mis amigos, que queden bien en sus casas o que se ajusten a su estilo personal, o que los ayuden a avanzar en sus metas personales. Además, como compro por catálogo (después de todo, ¡sí, vivimos en el campo!), tengo una lista de artículos que veo en los catálogos que serían fantásticos como regalos para el día de San Valentín, para Pascua, para los cumpleaños, para el Día de las Madres, el Día de Acción de Gracias o Navidad. Por lo general, estos artículos son pequeños y no son caros, pero cada mes o dos, me deleito enviando «una cosita» a mis amigas.

Como dijo Pablo de sus amigos en Filipos: «Por cuanto os tengo en el corazón» (Filipenses 1:7). Al alimentar tus amistades día tras día, descubrirás que en verdad puedes llevarlas en tu corazón. ¡Hasta descubro que yo soy ellas! Es difícil de explicar, pero debido al tiempo que pasamos juntas, el tiempo que paso pensando en ellas, preocupándome y orando por ellas, su influencia y su cercanía de corazón se convierten en una parte de mi vida. Y esto es bueno porque ellas son las que me impulsan hacia arriba y hacia delante en el camino de la semejanza de Cristo y en mi crecimiento espiritual. Somos como hermanas gemelas en Cristo, nunca estamos lejos la una de la otra en el corazón.

10. Ora por tus amigas.

Querida mía, no tenemos un regalo mayor ni mejor (¡ni más costoso!) para darles a nuestros familiares o a nuestras amigas que el de orar por ellos con fidelidad, frecuencia y fervor. Todos luchan y se enfrentan a pruebas o se encuentran con crisis. Además, podemos estar seguras de que hay aspectos en las vidas de nuestras amigas que nunca nos lo dirán. Nunca conoceremos todas las batallas que se libran en la vida de otra persona. Entonces, oremos.

Ora, querida mía, por el crecimiento espiritual de tus amigas, por sus matrimonios, por sus ministerios, por su trabajo en sus empleos, para que otros se acerquen y las alienten a ellas también. Además, cuéntales con exactitud los motivos por los que estás orando. Transmíteles los versículos específicos que usas al suplicar a Dios a favor de ellas. Nunca sabes en qué momento el versículo de la Biblia que expresas puede ser la palabra que fortalezca a tu amiga cansada (Isaías 50:4), y que la ayude a atravesar un día difícil. Y nunca sabes cuándo puedes ser la verdadera amiga cuyas oraciones fieles, frecuentes y fervientes ayuden a otra a sobresalir en la grandeza... o a salir adelante en una vida difícil.

Miremos a la vida

Sí, querida amiga (porque eso es lo que deseo ser para ti), Dios quiso que tengamos amigos y que seamos amigas. Somos seres sociales. Anhelamos amar y ser amados. Así nos hizo Dios. Por lo tanto, quiero alentarte en todas tus relaciones: ¡sé la mejor amiga que alguien haya tenido jamás!

Sin embargo, también quiero advertirte que las amistades, las verdaderas amistades, tienen un precio, y ese precio incluye *tiempo*. Mientras escribo, oro para que pueda dejar esto bien en claro. Este libro habla del tiempo y de la administración de la vida. Habla de administrar nuestro tiempo de tal manera que nuestras vidas estén completas y sean equilibradas, sin que existan aspectos importantes que omitamos, descuidemos... o en los cuales nos permitamos deslizes.

Así que, cuando se trata de poner en práctica el plan de Dios para tu tiempo y tu vida, debes comprender que las amistades llevan *tiempo*. Por lo tanto, amada, no podrás tener mucha cantidad de amigas. Sencillamente no hay tiempo para alimentar una multitud de amistades. Si eres como yo, tus días ya están llenos con el trabajo que demandan tus responsabilidades. Y si eres como yo, tus días no son lo bastante largos como para realizar el trabajo que exigen tus responsabilidades. Por lo tanto, escoge con sabiduría. Sé la mejor amiga que puedas ser con todos... pero escoge con sabiduría quiénes serán tus mejores amigas. ¿Y cómo reconocerás a esas amigas?

> Un verdadero amigo
> es aquel que nos ayuda
> a pensar de la mejor manera,
> a hacer las obras más nobles
> y a que saquemos lo mejor
> de nosotros mismos[6].

Los diez mandamientos de la amistad

1. Háblale a la gente: no hay nada más agradable que una palabra alegre de saludo.

2. Sonríele a la gente: se necesitan setenta y dos músculos para fruncir el ceño y solo catorce para sonreír.

3. Llama a la gente por su nombre: la música más dulce que puede escuchar el oído de cualquier persona es el sonido de su propio nombre.

4. Sé amigable y solícita: si tienes amigas, sé amigable.

5. Sé cordial: habla y actúa como si todo lo que haces fuera un verdadero placer.

6. Interésate en forma genuina por la gente: si lo intentas, *todos* te pueden gustar.

7. Sé generosa con el elogio: ten cautela con la crítica.

8. Sé considerada con los sentimientos de los demás: ellos lo apreciarán.

9. Sé respetuosa de las opiniones de los demás.

10. Está alerta a prestar servicio: lo que más cuenta en la vida es lo que hacemos por otros[7].

Sexta parte

Presta atención a tu mente

La administración de tu vida mental

Capítulo 14

Las normas de Dios
para tu mente

Por lo demás, hermanos, todo lo que es verdadero, todo lo honesto,
todo lo justo, todo lo puro, todo lo amable, todo lo que es de buen nombre;
si hay virtud alguna, si algo digno de alabanza, en esto pensad.

FILIPENSES 4:8

«La administración de tu vida mental». Debo admitir que lancé una risita mientras escribía estas palabras en la página anterior. A mi «mente» vinieron imágenes de «colapsos mentales» o de ser una «enferma mental». ¡Es de esperar que ninguna de estas imágenes se convierta en una realidad para ti ni para mí!

Esta sección del libro no habla acerca de esquivar colapsos mentales ni de evitar con éxito convertirnos en enfermas mentales. Habla acerca del aspecto de los pensamientos en nuestra vida, sobre lo que decidimos pensar, de lo que elegimos poner en nuestra mente, de cómo decidimos usar los doce a catorce miles de millones de células que conforman nuestro cerebro. Habla de prestar atención a nuestra mente. A fin de poner en práctica el plan de Dios para nuestra vida en medio de la gran ocupación, y de vivirlo con pasión y propósito, debemos controlar los diez mil pensamientos o más que al parecer pasan por nuestra mente cada día. Y debemos dirigir y disciplinar el uso de la computadora más poderosa del mundo, nuestro cerebro, de tal manera que se use para los propósitos y la gloria de Dios.

Es un gran desafío, ¿no es cierto? Aunque por fortuna, la Biblia nos da direcciones claras y pautas para manejar y dominar el campo mental de nuestras vidas y usar nuestra mente... para Él.

Las pautas de Dios: qué pensar... y qué no pensar

Nuestra mente está activa, nos trae a cada momento cosas a nuestro consciente, cosas que podemos optar por pensar o no. Por lo tanto, es evidente que conocer las pautas que Dios establece para las opciones que tenemos en cuanto a qué pensar y qué no pensar, nos ayuda a administrar nuestra vida mental. En Filipenses 4:8 se nos da un conjunto muy específico de pautas. Aquí, Pablo escribe: «Por lo demás, hermanos, todo lo que es verdadero, todo lo honesto, todo lo justo, todo lo puro, todo lo amable, todo lo que es de buen nombre; si hay virtud alguna, si algo digno de alabanza, en esto pensad».

¿Te fijaste en el mandamiento que se encuentra al final de este versículo: «en esto pensad»? ¿En qué? En lo que sea verdadero, honesto, justo, puro, amable, de buen nombre, que tenga alguna virtud o que sea digno de alabanza. Esta es una lista de control de Dios para evaluar nuestros pensamientos. Hacernos las siguientes preguntas acerca de nuestros pensamientos, nos ayuda a alinear lo que pensamos con los requisitos de Dios. (Además, hace florecer un ramo de bendiciones al tener pensamientos piadosos).

- ✓ *¿Es verdadero?*: ¿Lo que estoy pensando no es una mentira, un rumor, una sospecha? ¿Considero hechos, rumores o especulaciones? ¿Me estoy anticipando o leyendo entre líneas? Y lo más importante de todo es: ¿lo que estoy pensando es fiel al carácter de Dios y a su Palabra?

- ✓ *¿Es honesto?* ¿Este pensamiento es digno y excelente? ¿Es mi mejor pensamiento, el más alto, o es mezquino, de segunda categoría, barato? ¿Se encuentra por debajo de la dignidad que debería caracterizar todo lo que es mi vida como cristiana... incluyendo a este pensamiento? ¿Es sagrado o profano? ¿Es indigno de mí como hija de Dios y de la persona a la cual va dirigido? Mejor aun, ¿posee la decencia y la dignidad de la santidad que hay en mi vida?

✓ *¿Es justo?* ¿Este es un pensamiento bueno y justificado que se alinea con las normas de Dios de la verdad? ¿Se encuentra en armonía con las normas divinas de Dios para la santidad? ¿Me alienta a hacer lo que es bueno hacia mi hermano, a cumplir con mis obligaciones y responsabilidades, a poner en práctica la Palabra de Dios y sus pautas para mi vida?

✓ *¿Es puro?* Lo que estoy pensando, ¿es santo, sin mancha, saludable, del todo sin pecado? ¿Podría llevar este pensamiento a la presencia de Dios?

✓ *¿Es amable?* ¿Este pensamiento posee ciento por ciento de belleza moral y espiritual o se encuentra manchado por la vileza y la maldad? ¿Es misericordioso? ¿Se encuentra dentro de lo que es amable y tolerante, o es crítico y dañino?

✓ *¿Es de buen nombre?* Si alguien tuviera conocimiento de este pensamiento, ¿pensaría que es recomendable? ¿Hablaría bien de mí y de la persona en la que estoy pensando? ¿Este pensamiento es digno de ser contemplado y más aun, de ponerlo en palabras? ¿Es amable y misericordioso, elevado y dirigido hacia las cosas buenas de los demás?

✓ *¿Es digno de alabanza?* ¿Este pensamiento merece el elogio de los demás, el elogio de Dios? Si lo pusiera en palabras,

¿pasaría la prueba de las pautas bíblicas? ¿Contaría con la aprobación de Dios?

✓ *¿Tiene virtud alguna?* ¿Esta vena de pensamiento está llena de toda excelencia moral? ¿Me motivará a llevar una vida mejor para Cristo?

Como dije, podemos (¡y debemos!) usar estas ocho preguntas y cualidades como una lista de control para nuestros pensamientos. Si pasan la prueba, como dijo Pablo, podemos pensar en esto. Esta es la clase de pensamientos ricos, piadosos, que levantan, que debemos atesorar en nuestro corazón, en los cuales debemos meditar y a los cuales debemos acariciar. Como nos sugiere una traducción de la Biblia: «que estos sean nuestros tesoros». Piensa, medita y atesora *estas* cosas.

Ahora bien, ¿cuáles son los pensamientos de los que podemos estar seguras que cumplen con las normas de Dios? De acuerdo con lo que sabemos, ¿qué es lo que cumple con los requisitos de las «cosas» que la Escritura nos dice que pensemos? La respuesta es Dios, el Hijo de Dios y la Palabra de Dios. Para estar segura, para ser bendecida y transformada (Romanos 12:2) simplemente piensa en la Deidad y medita en la Palabra de Dios. Amada, ¡piensa en estas cosas!

Nuestros pensamientos deberían ser como una planta perenne: Aquí en el noroeste del Pacífico, adonde Jim y yo vivimos ahora, hay unos gloriosos árboles perennes por todas partes. Por cierto, frente a la ventana de la cocina tengo lo que llamo «la catedral». (A decir verdad, pienso en ella como mi catedral). Es un bosque en la ladera de una montaña, y los abetos, los cedros y los pinos que allí crecen en abundancia se caracterizan por una cosa (además de ser verdes): todo lo de estos árboles apunta hacia arriba. Los troncos de los árboles perennes apuntan hacia arriba, derechos como flechas, hacia el cielo. Hasta todas las ramas de los árboles y sus brotes se extienden y se inclinan hacia arriba. Cada parte visible de estos árboles se extiende, se esfuerza y empuja hacia arriba, hacia el sol, hacia el cielo, ¡hacia Dios!

Y, querida mía, nuestros pensamientos deberían ser como esos árboles perennes. Deberían extenderse hacia arriba. A eso nos insta la Escritura en Filipenses 4:8. Fíjate bien en la elección que hace la Biblia de las palabras: «verdadero... honesto... justo... puro... amable... de buen nombre... si hay virtud alguna... si es digno de alabanza». No leas de prisa ni pases enseguida a través de estas preciosas joyas. No, ¡léelas otra vez! Contémplalas. Saboréalas. Dilas en voz alta. Permite que su bondad y su grandeza se deslicen por tu boca, por tu mente... y por tu alma. Esto es lenguaje celestial. Y Dios nos llama, y nos ordena, a tener pensamientos celestiales, virtuosos.

Nuestros pensamientos deberían ser como una catedral: Tal vez la reflexión que hice sobre una «catedral» encaje aquí también. Imagínate albergando pensamientos en la catedral de tu mente. Piensa en ellos como si fueran los fuertes pilares de piedra que se encuentran en el interior de una gran catedral que se extienden hacia arriba y se pierden en las alturas de los límites superiores del edificio. Fíjate que sean tus mejores pensamientos, que no tengan nada de malicia. Piensa en lo que diga lo mejor de ti, de Dios y de los demás. Piensa en lo que se encuentre en lo alto de la escala de grandeza de la catedral. Como predicador de antaño, D. L. Moody nos comenta: «Si miramos hacia abajo, nuestros hombros se encorvan. Si nuestros pensamientos miran hacia abajo, nuestro carácter se dobla. Solo cuando mantenemos en alto nuestra cabeza, el cuerpo se vuelve erecto. Solo cuando nuestros pensamientos se dirigen hacia arriba, nuestra vida se vuelve erecta»[1].

Nuestros pensamientos deberían ser disciplinados: Aquí tenemos algo un poquito más elemental que la maravilla arquitectónica de una catedral. Cuando mis dos hijas asistían a los departamentos preescolares y primarios de la escuela dominical de nuestra iglesia, aprendieron una canción que también nos dice a nosotras qué debemos hacer y qué no debemos hacer cuando se trata de nuestros pensamientos y del uso de nuestras mentes. Una de las estrofas de la canción nos advierte: «Ten cuidado, mentecita, con lo que piensas». ¿Acaso ese «lo que» no nos lo dice todo? Como mujeres que deseamos vivir de acuerdo con el plan y el propósito de Dios para nuestra vida, debemos tener cuidado con lo que pensamos. Como nos enseña un bien conocido dicho:

> Siembra un pensamiento, y cosecharás una acción.
> Siembra una acción, y cosecharás un hábito.
> Siembra un hábito, y cosecharás un carácter.
> Siembra un carácter, y cosecharás un destino[2].

Nuestras acciones, nuestros hábitos, nuestro carácter y nuestro futuro se ven afectados, sin lugar a dudas, por nuestros pensamientos. Por lo tanto, tú y yo, como mujeres que tenemos pasión por Dios y por los pensamientos piadosos, debemos tener cuidado y ser disciplinadas con nuestros pensamientos. Debemos tener mucho cuidado con lo que pensamos y con lo que no pensamos (y lo que *no debemos* pensar). Debemos hacer lo que nos enseña la Biblia y «*buscar* las cosas de arriba» y «*poner* la mira en las cosas de arriba, no en las de la tierra» (Colosenses 3:1-2). Debemos tener la seguridad de que nuestros pensamientos siempre estén dirigidos y asciendan hacia arriba, de modo que nuestro carácter siempre se arquee hacia arriba y nuestras vidas estén erguidas.

Qué hacer... y qué no hacer

¿No es bueno saber que Dios nos ha dado algunos frenos para la vida de nuestros pensamientos? Nos resulta muy liberador saber cuáles son sus límites con respecto a lo que debemos pensar... y lo que no debemos pensar.

Sin embargo, existe otro aspecto de nuestras mentes: la energía mental que se necesita para decidir qué hacer... y qué no hacer. Aquí tenemos solo algunas de las actividades mentales que dirigen nuestra vida para que con determinación vivamos de acuerdo con el plan de Dios. Estos ejercicios te ayudarán a determinar qué hacer... y qué no hacer con tu tiempo y tu vida.

Solución de problemas: Cuando disponemos nuestra mente y nuestros pensamientos para el buen uso, para el mejor, podemos utilizar su ayuda para resolver problemas. Al pensar en el plan de Dios y en las instrucciones para la vida y las prioridades que nos da en su Palabra, podemos disponernos a recibir sus soluciones para nuestros problemas.

Toma de decisiones: No pasa un segundo sin que tomemos alguna decisión. Cuando escuchas a alguien hablar, debes decidir con cuidado cómo responder... y qué palabras usar. Cuando se produce una crisis, las opciones se deben encender en el plano mental en un instante... y enseguida se debe tomar una decisión con respecto al curso de la acción. Y cuando existe una tregua en la acción, una pausa sorprendente en medio de nuestro día ajetreado o de nuestra vida ajetreada, un momento repentino de quietud en el torbellino, pues bien, ¡cuidado! Debemos decidir cómo usar esos momentos. Podemos ceder ante la pereza, podemos permitirnos un capricho, podemos tomar decisiones secundarias (¡o todavía peores!)... o podemos decidir con sabiduría aprovechar la oportunidad, redimir el tiempo (Colosenses 4:5) y utilizarlo para bien. Recuerda que tu habilidad para tomar sabias decisiones es directamente proporcional al grado de madurez que tengas.

Planificación: El primer libro que leí en mi vida sobre la administración del tiempo, afirmaba de manera rotunda: «¿Fracasa en planificar? ¡Planifique fracasar!». Por supuesto, todos los libros que he leído acerca de la planificación del tiempo y de la vida sugieren también dedicar al menos veinte minutos al comienzo del día para planificarlo. Y nosotras sabemos cómo se planifica: ¡con la mente! ¡Debemos pensar! Debemos pensar en los minutos y las horas de nuestro día para decidir qué hacer... y qué no hacer. También debemos ordenar y tomar decisiones acerca de nuestro trabajo, de la conservación de la energía, de la delegación de tareas y de actividades, del cumplimiento de las fechas límites (¡como la de la cena todas las noches!). Además, esta clase de planificación sigue adelante cuando consideramos nuestra semana, nuestro mes, nuestro año y también nuestra vida.

Organización: ¡Y no nos olvidemos de la organización! Organizar quiere decir ordenar de una manera metódica. Por ejemplo, ¿en qué orden pones las cosas como tus prioridades, el orden de tu día, el trabajo que realizas y cuándo lo haces, el orden de importancia con respecto a las tareas que tienes en tu lista, el orden de las actividades que se requieren para completar una tarea o un proyecto, el orden de las diligencias que debes hacer... y la importancia de cada una de ellas?

Hace poco, mi hija Courtney me dijo que mientras hacía diligencias con sus tres preescolares de menos de tres años en el asiento trasero del auto, decidió no realizar la última diligencia para que toda la salida no se viniera abajo. No obstante, había hecho las cosas más importantes gracias a que estableció las prioridades, organizó, en su lista de diligencias.

Muy bien, esa es la clase de belleza (¡y de cordura!) que la organización trae a nuestras vidas atareadas; pero se realiza con la mente... y lleva tiempo y esfuerzo.

Programación: Por último tenemos la programación. Si organizar es determinar *qué* necesito hacer y *cómo* necesito hacerlo, la programación es determinar *cuándo* necesito hacerlo. *Cuándo* es el mejor momento para comenzar un proyecto, para ir al supermercado, trabajar en la lección del estudio bíblico, prepararme para la clase de escuela dominical en la que enseño.

Utiliza tu mente para pensar en estas actividades que representan a tu vida sin igual, de modo que tomes decisiones, decidas prioridades y luego programes de tal manera que el desarrollo de tu día y de tu vida se desenvuelva con mayor facilidad.

Miremos a la vida

Ahora bien, con respecto a nuestro exceso de ocupaciones debo decirte que fue demasiado difícil decidir qué orden utilizar al presentar las secciones de este libro y las esferas de la vida a las que nos llama Dios. Sabía que la esfera espiritual tenía que ser la primera y la más importante (¡siempre!). Sabemos que sin la ayuda de Dios no somos capaces de hacer nada. También sabemos que todos los principios para regir la vida, y una vida ajetreada, nos llegan a partir de la Palabra de Dios. Y sabemos que, para vivir nuestra vida con pasión y propósito, debemos vivirla para el Señor y por Él.

¿Entonces qué? Escogí poner el aspecto físico en segundo lugar. Eso se debe a la tremenda cantidad de energía, energía física, que se necesita para llevar a cabo el plan de Dios para nuestra vida. Tenemos mucho que hacer para *Él* y para *ellos* (los de la familia, los de la iglesia y otros).

Sin embargo, querida mía, de la misma manera hubiera podido poner la esfera mental en segundo lugar, debido al tremendo impacto que tienen los pensamientos en nuestra vida. Por ejemplo, nuestros pensamientos pueden darnos energía o pueden dejarnos exhaustos. Pueden dirigirnos hacia los caminos de Dios y hacia su voluntad o pueden desviarnos del sendero por el cual lo seguimos a Él. Pueden ayudarnos o pueden ser un impedimento mientras procuramos poner en práctica el plan de Dios para nuestra vida. Pueden servirnos como aliados o frustrarnos como enemigos.

Amada, no dejes de usar tu mente. No dejes de administrar tus pensamientos. No desperdicies tu precioso tiempo, tu precioso día... y tu preciosa vida. No dejes de...

... resolver tus problemas a la manera de Dios,

... tomar decisiones que reflejen los propósitos de Dios,

... planear vivir de acuerdo con el plan de Dios para tu vida,

... organizar tu vida de acuerdo con las prioridades de Dios y

... programar tu día para que Dios sea glorificado y la gente que forma parte de tu vida sea bendecida.

Escucha ahora estas palabras que nos llegan a través de los siglos, de parte del apasionado corazón de David Brainerd, misionero y «apóstol de los indios estadounidenses», un hombre que vivió con pasión y propósito... y que murió a los veintinueve años de edad. Permite que sus fogosas palabras arrojen luz a lo que piensas... y lo que no piensas acerca de la vida, a lo que haces... y lo que no haces con tu tiempo y tu vida.

> ¡Ah, cuán precioso es el tiempo, y cuán culpable me siento cuando pienso que lo he desperdiciado o que he dejado de llenar cada parte de él con obligaciones al límite de mi habilidad y capacidad![3]

Capítulo 15

Diez disciplinas para administrar tu mente

*No os conforméis a este siglo, sino
transformaos por medio de la renovación
de vuestro entendimiento.*

ROMANOS 12:2

Acabo de consultar mi diccionario para ver el significado de la palabra *ama de casa*. ¿Sabes cuál es? El ama de casa es la persona que administra un hogar. Para la mayoría de los hombres, esta definición de seis palabras suena a tarea fácil. ¿Administrar una casa? ¡No hay problema! Aunque si tú o yo (¡o nuestros esposos!) nos detuviéramos y pensáramos de verdad en lo que involucra administrar un hogar, quedaríamos impactadas (y ni qué hablar de nuestros esposos). Como ama de casa, más o menos...

> ... supervisas el bien más valioso de la familia, la casa,
>
> ... supervisas las finanzas familiares (otro de los grandes bienes de la familia),
>
> ... supervisas la educación de los hijos (¡menuda responsabilidad!),
>
> ... supervisas el cuidado de la salud de toda la familia,
>
> ... supervisas el calendario social y (como si fuera poco) también

... supervisas el transporte de tus amados cumpliendo la función de chofer principal.

(¡Qué mujer! ¿Quién dijo que administrar un hogar es cosa fácil?).

Entonces, ¿cómo se desarrolla toda esta administración? La respuesta: ¡con tu mente! Como ayudante de capataz (persona que tiene autoridad delegada, delegada por Dios y por tu esposo, si eres casada) se necesita una gran cantidad de energía mental y actividad. Te exige que planifiques, organices, programes y ejecutes. Vuelve a leer Proverbios 31:10-31 y trata de captar toda la energía mental (sin mencionar la física) que necesitaba la mujer de Proverbios 31 para llevar a cabo todas sus tareas. ¡Te quedas tambaleando! Sin lugar a dudas, esta mujer tenía una mente bien preparada y disciplinada. En efecto, había desarrollado la capacidad mental para considerar bien los caminos de su casa (Proverbios 31:27).

Ahora, volvamos a nosotras. ¿Qué hacemos tú y yo para cumplir con nuestros papeles de administradoras no solo de nuestro hogar, sino de toda nuestra vida? Espero que las siguientes diez disciplinas nos ayuden a administrar mejor nuestra mente... a fin de que seamos capaces de administrar mejor nuestra vida.

1. Lee tu Biblia.

La mejor manera de vivir de acuerdo con el plan de Dios para tu vida es proteger tu mente para que no se conforme a este mundo (Romanos 12:2), y la manera más segura de hacerlo es mediante la lectura de la Biblia, pues la Palabra de Dios te hace tener pensamientos piadosos. Te transforma y hace que crezcas en lo espiritual. La Palabra de Dios hace que veas la vida, tus papeles y situaciones personales a través de los lentes de su verdad. Cuando lees la Biblia, sintonizas la mente de Dios y recibes su parecer y sus enseñanzas sobre todos los asuntos.

Entonces, querida mujer atareada, toma algunos de tus preciosos momentos y lee tu preciosa Biblia. La lectura de la Biblia transforma y renueva tu mente (Romanos 12:2). La Biblia es una plomada, son coordenadas cartográficas, es una brújula, un plano y un mapa de acuerdo a los cuales debes vivir. Por lo tanto, leer o no leer la Palabra de Dios afecta de manera radical tu día y tu vida.

Pregúntate, ¿es el centro de tu día exponerte a la Palabra de Dios o al mundo a través de los programas de televisión y los noticieros, el periódico, los anfitriones de los programas en vivo, la conversación vacía de tus compañeros de trabajo o de clase? Tu manera de pensar se transforma cuando renuevas tu mente cada día (y con preferencia cada mañana) al leer la Biblia. Este sencillo acto de usar tu mente (y de dedicar tiempo) para leer la Biblia cambia tu manera de pensar, tu perspectiva, tus decisiones, tu comportamiento y la manera en que vives. No hay ninguna otra cosa en este mundo que sea capaz de renovar nuestra mente como la Biblia, que es:

> una luz que nos guía,
> una vara que nos corrige,
> un bastón que nos conduce,
> un espejo que revela quiénes somos,
> la mesa de un banquete que nos alimenta, y
> un timón que nos dirige.

Querida mía, no puedo insistir demasiado sobre esta disciplina tan importante de leer la Biblia. La Palabra de Dios es una herramienta que el Espíritu Santo usa para cambiar nuestra manera de pensar mundana, sensual, ocupada en las cosas más viles de este mundo y pasar a los pensamientos elevados del cielo. Solo una mente que está inmersa por completo en la Palabra de Dios se puede renovar por entero. Es por eso que debemos estar siempre saturadas de la Biblia, de modo que nuestras mentes se renueven siempre.

2. Memoriza.

¿Recuerdas lo que dijimos sobre las pautas de Dios para nuestros pensamientos en Filipenses 4:8? ¿Y recuerdas que Pablo nos exhortó a «en esto pensad»? Señalé que una traducción de este mandamiento lo parafrasea y dice que tú y yo debemos dejar que estas cosas sean nuestros «tesoros».

Pues bien, atesorada amiga, la Palabra de Dios, memorizada y oculta en tu corazón, es un tesoro que nadie te puede quitar. Uno de los mayores tesoros que poseo es la provisión de versículos que he memorizado a través de los años. No importa dónde esté ni qué suceda en mi vida, no importa cuál sea la demanda ni la prueba, solo necesito extraer uno de mis tesoros, una de mis joyas, una de mis perlas, uno de mis versículos de la caja del tesoro de mi corazón, y tengo lo que necesito: directamente del corazón de Dios al mío. Y todo comenzó con un seminario al que asistí recién convertida, y de una sola oración de las muchas horas de conferencias que dio el instructor: «Debes memorizar la Escritura». Como bebé cristiana, todavía no me daba cuenta de que lo que me decían los demás podía ser optativo. Así que, con diligencia y obediencia me fui a casa y comencé a memorizar la Escritura. Eso fue hace veintiocho años.

Amiga, ¡debes memorizar la Escritura!

3. Desarróllate.

El crecimiento mental es algo progresivo. Comienza donde estás y desarrolla tu capacidad mental.

Desarróllate poniéndote metas: Una meta es algo en el futuro en lo que te concentras. Y ponerse metas es otro ejercicio mental más que cambia la vida. Jim y yo deseábamos desarrollar nuestra mente y prepararnos para cualquier cosa que Dios pudiera tener en sus planes para nosotros. Así que nos sentamos un domingo por la tarde y escribimos una serie de metas para la vida que nos parecía que pondrían a Dios, a su Palabra y a sus prioridades en el centro de nuestras vidas (¡Dios mediante!). ¿Puedes creerme si te digo que todavía seguimos esas metas hasta el día de hoy? ¿De qué manera te ayuda a manejar mejor tu ajetreada vida el establecimiento de metas?

- Las metas te dan motivación. Te mantienen en movimiento cuando se debilitan tu corazón o tu voluntad.

- Las metas reflejan tu futuro ideal. Como dijo un hombre: «Espero pasar el resto de mi vida en el futuro, así que deseo estar razonablemente seguro de qué clase de futuro va a ser»[1]. (Y, por supuesto, añadimos: «¡Dios mediante!»).

- Las metas te dan energía. El apóstol Pablo sentía que la meta de ganar el premio de Dios le daba el vigor para «alcanzar» o «proseguir» (Filipenses 3:14).

- Las metas te dan dirección. Repito, Pablo siempre sabía en qué dirección deseaba ir. Fue el hombre que declaró: «Una cosa hago» (Filipenses 3:13).

- Las metas convierten tus sueños en realidad. El rey David soñaba con construir una casa para Dios. Con los planes y los materiales de David en la mano, su hijo Salomón logró que el sueño se convirtiera en realidad.

- Las metas se pueden medir. Las metas son sueños con fecha de vencimiento.

Desarróllate a través de la lectura: La lectura es la manera más rápida de desarrollarse. También estimula nuevos pensamientos e ideas. Ya hablamos sobre la lectura de la Biblia y ser una mujer de un solo libro: el Libro. Además de la Biblia, hay una multitud de libros excelentes que están disponibles para que los leas. Los escritores más prominentes, los teólogos y los maestros en el mundo nos entregan los frutos de sus décadas de estudio. Destilan su conocimiento y lo dejan caer sobre las personas como tú y yo.

En cuanto a la lectura, tomemos el consejo de J. Oswald Sanders, escritor del clásico libro *Liderazgo Espiritual*: «La decisión de pasar un mínimo de media hora al día leyendo libros valiosos que proporcionen alimento para el alma y un mayor desarrollo mental y espiritual, nos demostrará que nos proporciona una rica recompensa»[2].

Desarrolla tus habilidades profesionales: Si tienes un empleo, representas a Jesucristo en ese empleo. Por lo tanto, debes ser la mejor de tu trabajo. No solo tu conducta debe ser impecable, sino que tus habilidades laborales siempre deberían crecer y mejorar.

Aun así... solo una palabra de advertencia. Tu trabajo siempre ocupará un lugar secundario después de tu matrimonio y tu familia, tu hogar y tu iglesia. Y aunque no estés casada, tu trabajo siempre estará en un lugar secundario con respecto a tu servicio en la iglesia. *Primero* eres una cristiana... y *luego* una mujer en la fuerza laboral.

En este libro nos estamos refiriendo a poner en práctica el plan *de Dios* para nuestra vida, y su plan para una mujer casada y una madre es que dedique sus primeros y mejores esfuerzos, ¡y también los últimos!, espirituales, físicos y mentales para mejorar las vidas de su esposo y de sus hijos, a fin de crear un hogar para su familia. Si tienes también un empleo, ten cuidado de conservar las prioridades de Dios que se encuentran escritas en lo profundo y remarcadas de las tablas de tu corazón (Proverbios 3:3).

Así es, puedes tener un empleo, pero tu verdadero trabajo, tu verdadera vida, tus verdaderas prioridades se encuentran en casa, y te esperan cada día cuando llegas allí, por más cansada que estés después de pasar tantas horas sirviendo a otros. Si deseas vivir conforme al plan de Dios para tu vida, comprende que su plan para ti, si estás casada, es, primero y principal, tu hogar. Él te ha dado a ti, no a algún otro, la carga y el cuidado de tu familia y de tu hogar.

Debes estar en guardia para no permitir que el trabajo de todo el día consuma tus energías fuera de casa para luego excusarte del trabajo de la casa. No debes estar demasiado cansada por servir a otros *fuera* del hogar como para servir a los que tienen la prioridad *dentro* del hogar cuando llegas allí cada noche. No, debes aceptar las prioridades de Dios, corregir tu enfoque y creer, y actuar de manera acorde, que tu gran trabajo, tu trabajo valioso, se encuentra en el hogar. Y da la casualidad que tienes un trabajo al cual debes asistir. El hogar es el lugar en el que debe estar tu corazón. Por lo tanto, trabajemos afuera o no, nuestros corazones deben estar anclados en el hogar. Nuestra mayor pasión debe ser nuestra familia, no nuestra profesión.

4. Prepárate.

Nunca sabemos de qué manera Dios nos va a usar a nosotras y a nuestros dones únicos; pero si estamos preparadas, siempre habrá oportunidades. Nuestra tarea es ensanchar la energía mental que se requiere para prepararse, y luego mirar a Dios. La tarea de Dios es determinar cuándo estamos listas. Y, querida mía, eso sucederá cuando llegue *su* tiempo y no el *nuestro*. Con todo, puedes estar segura de que Él nos usará para sus propósitos y su gloria. Después de todo, somos hechura suya, creadas en Cristo Jesús para buenas obras (Efesios 2:10). Él nos dirá cuáles son esas buenas obras... y Él las manifestará... a su tiempo.

5. Enseña.

Los expertos nos dicen que retenemos diez por ciento de lo que escuchamos, cuarenta por ciento de lo que escribimos y sesenta por ciento de lo que le confiamos a la memoria. Sin embargo, aquí tenemos la estadística más sorprendente de todas: retenemos cerca de cien por ciento de lo que enseñamos. Es probable que no todas seamos maestras que se paren delante de una clase, pero todas deberíamos enseñar lo que sabemos. Como dice Tito 2:3, tenemos el llamado a ser «maestras del bien». Debemos enseñarles a otras mujeres lo que sabemos acerca de vivir la vida de acuerdo con el plan de Dios.

Así que ahora te pido, por favor, que no malgastes toda la energía mental que necesitas para aprender algo... solo para archivar ese conocimiento. Cuando aprendas algo, enséñaselo a una hermana que necesite lo que aprendiste. Transmítelo. Eso es el discipulado. Y viene con una bendición doble. Por tu conocimiento bendices y mejoras al que escucha. Y tú recibes bendición porque ahora retienes casi cien por ciento de lo que aprendiste... ¡solo porque lo enseñaste!

6. Desafíate.

Todas las disciplinas de la vida son dinámicas. Eso quiere decir que siempre están fluyendo, cambiando y es de esperar que se vuelvan más demandantes a medida que crecemos en las diferentes esferas de la vida. Nunca te sientas satisfecha con el statu quo. Una vez que has alcanzado cierto nivel mental, desafíate a alcanzar mayores alturas. (Y hablando de desafiarte a alcanzar mayores alturas, una de mis citas favoritas aconseja: «Siempre trata de alcanzar la luna. Tal vez, no la alcances, pero es probable que te apoderes de una estrella en el camino»).

7. Sé variada.

La mente tiene una infinita capacidad de absorber información. Por lo tanto, deberíamos utilizar tantos caminos diferentes como sea posible a fin de estimular nuestro pensamiento y expandir nuestros horizontes. Ya hemos hablado de leer y de memorizar, ¿pero qué me dices de escuchar casetes? Piénsalo, mientras trabajas como esclava con la plancha, sobre una cocina caliente, sobre un fregadero lleno de agua caliente o mientras haces resonar el pavimento caliente al correr, puedes sintonizar a un experto en cualquier campo de interés. O, mientras estás en el auto, puedes escuchar a un maestro en lugar de escuchar música. Y no olvides mirar vídeos con conferencias y demostraciones.

Uno de los muchos métodos que usaba para expandir mi mente era inscribirme en cursos que ofrece el Instituto Bíblico Moody por Correspondencia[3]. Realizar esos cursos me demandaba disciplina tras disciplina mientras escogía trabajar con las lecciones durante los momentos en que mis bebés dormían una siesta. (¡Ahhh!, muchas veces yo también deseaba una siesta). Me «gradué» de más de veinte clases bíblicas. Estos cursos fueron una meta que me desafió y me hizo desarrollarme... y prepararme para el ministerio futuro y potencial que ahora les he dado a otros durante varias décadas. Eso es lo que sucede cuando se ponen en práctica las disciplinas para administrar tu mente.

8. Sé constante.

El desarrollo mental es una búsqueda de toda la vida. Ya analizamos la notable vida de Oswald Sanders, un hombre que siguió aprendiendo, creciendo y enseñando hasta bien entrado en los noventa.

Y, sin embargo, hay muchas de nosotras que piensan: «Es demasiado tarde para mí». Una dama me lo dijo hace poco. Luego de conversar sobre nuestra necesidad de seguir creciendo para tener algo que decir y algo para darles a los demás en el ministerio, dijo: «Es demasiado tarde para mí». (¡Y lo que me dio miedo es que era más joven que yo!).

No obstante, nunca es demasiado tarde. La historia lo ha comprobado. Por ejemplo:

Miguel Ángel pintó el cielo raso de la Capilla Sixtina acostado sobre su espalda en un andamio cuando tenía cerca de noventa años.

Strauss seguía componiendo música seria luego de sus ochenta años.

Benjamín Franklin sirvió a su país en Francia a los setenta y ocho años de edad y escribió su autobiografía pasados los ochenta.

Juan Wesley, a los ochenta y tres años, se sentía molesto porque no podía escribir más de quince horas diarias, y a los ochenta y seis se sentía avergonzado por no poder predicar más de dos veces al día.

Es evidente que estas personas nunca dejaron de usar sus mentes y de aceptar nuevos desafíos creativos y laboriosos. Y, querida mía, nosotras tampoco deberíamos hacerlo.

9. Revisa.

La revisión fiel y regular graba a fuego la verdad y la información en nuestra mente. Luego se vuelve parte de nuestra vida. Entonces podemos dárselas a otros. Tengo tres disciplinas para revisar que ayudan a mantener la información importante fresca en mi mente y mi memoria.

— La primera es revisar los versículos memorizados de la Escritura. Cobran vida, de manera literal, una vez más cuando los saco a relucir.

— La segunda es leer con regularidad materiales que ya he leído, archivado y guardado. Hay gran cantidad de material que queda archivado, y revisarlo me enseña todo otra vez.

— Y la tercera es mi diario. Escribo en él todo lo que deseo recordar: citas, notas de sermones, poemas, frases hermosas, consejos, fechas especiales para recordar, sucesos que cambian la vida, ideas, sueños, metas. Llevo mi diario a todas partes que voy. Entonces, en cualquier minuto libre, puedo regresar a las cosas que más amo y volver a vivirlas.

El resultado final de estos tres ejercicios siempre es puro gozo... pero se necesita la disciplina de revisar a fin de saborearlo una y otra vez.

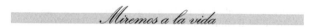

Miremos a la vida

Al releer las diez disciplinas en este capítulo, sucedieron dos cosas. En primer lugar, una vez más me sentí desafiada y motivada a seguir creciendo, a seguir usando, desarrollando y expandiendo mi mente de maneras que me ayuden a poner en práctica la voluntad y los propósitos de Dios para mi vida. ¡Cuánto oro para que a ti te suceda lo mismo! ¡Qué don más maravilloso nos ha dado Dios en una mente!

Aun así, en segundo lugar, decidí hacer de esta décima disciplina final el desafío de nuestro corazón al mirar de nuevo a la vida. Así que aquí la tenemos...

10. Sé selectiva.

Tal vez sea porque mi madre sufre de Alzheimer y de demencia, pero soy terriblemente apasionada en cuanto a ser cuidadosa y selectiva con el uso de mi mente. Converso con tantas mujeres, y soy testigo de tanta gente que usa su mente en una escala mucho menor, que me alarma.

Entonces, te pregunto: ¿cómo usas tu mente? El uso de tu mente es una elección, *tu* elección. Y eso es lo que lo hace una disciplina. Para vivir de acuerdo con el plan de Dios, se requiere que disciplinemos nuestras elecciones en cuanto a cómo usaremos nuestra mente. (Imagina la diferencia drástica que se produciría en una vida si se usara el mismo tiempo y la misma energía mental que se gasta en actividades inferiores, para leer las biografías dinámicas y transformadoras de hombres como David Brainerd).

Y aquí tenemos otra verdad aleccionadora: de la abundancia del corazón y de la mente habla la boca (Mateo 12:34). Con toda seguridad, lo que pongamos en nuestra mente, eso saldrá.

Entonces, imagínate que en lugar de ingresar basura y sacar basura, ingresar trivialidades y sacar trivialidades, en lugar de ingresar cosas secundarias y sacar cosas secundarias, podemos disciplinarnos para decidir que entren las cosas buenas, lo cual llevará a una poderosa influencia a medida que las cosas piadosas salen como un torrente.

Es así de sencillo (y créeme, yo me hago las mismas preguntas): ¿Deseas vivir una vida piadosa? Entonces decide poner cosas en tu mente que te lleven a una vida piadosa. ¿Deseas tener una mejor vida hogareña? Entonces decide poner cosas en tu vida (los libros, las clases) que te conduzcan a llevar una mejor vida hogareña. ¿Deseas tener un ministerio poderoso? Entonces decide poner cosas en tu mente que logren conducirte a un ministerio poderoso. ¿Deseas una vida más equilibrada y ordenada? Entonces ingresa en tu mente las cosas (los libros, las clases) que te enseñen a resolver problemas, a tomar decisiones, a planificar y programar para tener una vida más equilibrada y ordenada.

La idea es, amada, que debemos tener cuidado. Debemos estar vigilantes. Debemos ser selectivas. *Guarda* tu corazón y tu mente. No desperdicies tu mente... lo cual es un desperdicio de tu tiempo... lo que te lleva a un desperdicio de la vida. La vida es demasiado corta y demasiado preciosa como para desperdiciarla en cualquier cosa que no te ayude a poner en práctica el plan y los propósitos de Dios para tu vida.

Séptima parte

El servicio al Señor

La administración de tu vida de ministerio

Capítulo 16

Las normas de Dios
para tu ministerio

De manera que, teniendo diferentes dones,
según la gracia que nos es dada [...]
úsese conforme a la medida de la fe.

ROMANOS 12:6

Al relacionarme a diario con las mujeres en mi iglesia, a través del correo, del correo electrónico y en los seminarios, muchas veces me preguntan cómo comenzó mi ministerio de enseñanza y de escritura. En todos los casos, tengo que responder: «¡No fue de una manera muy fascinante!». No, no fue fascinante en absoluto. La tarea de enseñarles la Palabra de Dios a mujeres como tú comenzó con una carta que recibí: una carta dirigida a las esposas de todos los pastores, ancianos y diáconos de mi iglesia, que comenzaba con un saludo muy cálido y personal... «Querida amiga». La carta continuaba solicitando ayudantes, maestras, administradoras y mujeres de oración para la puesta en marcha de un nuevo ministerio para mujeres que estaba a punto de comenzar en la iglesia.

Cuando leí la frase que en esencia preguntaba: «¿Hay algo que tal vez quisieras enseñarles a las mujeres en un taller optativo?», mi primera respuesta fue: «Yo no, Señor. Jamás he enseñado nada de la Biblia y es una responsabilidad demasiado grande. ¿Acaso tu Palabra no dice: "no os hagáis maestros muchos de vosotros"?»

Entonces, después de mucha oración y de escudriñar mi corazón, surgió de allí una segunda respuesta que se desprendía de una decisión que había tomado mucho antes. Como nueva cristiana, asumí un compromiso en mi corazón (y lo escribí en papel) para:

1. ocuparme del ministerio hacia mi familia,

2. crecer en el conocimiento de la Biblia,

3. desarrollar mis dones espirituales, y

4. estar dispuesta a servir a otros en el momento en que Dios decidiera que estaba lista.

Pues bien, querida mía, al parecer, la carta de invitación (si bien era una carta *formulario*), presentaba una oportunidad evidente para intentar servir a las mujeres en mi iglesia. Parecía poner en práctica la definición del éxito del escritor y maestro Charles Swindoll: «El éxito es el momento en que la preparación se encuentra con la oportunidad». No cabe duda de que Dios es el dador de la oportunidad, pero tampoco cabe duda de que tú y yo somos las que debemos decidir estar preparadas.

Así fue que, una vez cumplida mi tarea dentro de mi familia como esposa, madre y administradora del hogar (bueno, en algún sentido... ¡esa es una búsqueda de toda la vida!), di un paso hacia fuera, crucé la línea y me dirigí hacia el desafío de ver cómo podía servir a la familia de Dios. Al fin y al cabo, Dios nos da papeles y responsabilidades en las dos familias.

Y así comencé a procurar poner en práctica el plan de Dios para mí en el ministerio, a poner en práctica mis dones para servir al Señor en la iglesia.

Nuestros dones para servir al Señor

¿Sabías que Dios ha dotado a cada cristiano para servir al cuerpo de Cristo? Eso es lo que enseña la Biblia:

- Pablo nos enseña que «teniendo diferentes dones, según la gracia que nos es dada [...] úsese conforme a la medida de la fe» en el cuerpo de Cristo (Romanos 12:6).

- Una vez más nos enseña que «a cada uno le es dada la manifestación del Espíritu para provecho» (1 Corintios 12:7).

- También nos enseña que «a cada uno de nosotros fue dada la gracia conforme a la medida del don de Cristo» (Efesios 4:7).

- Pedro también nos enseña que «cada uno según el don que ha recibido, minístrelo a los otros, como buenos administradores de la multiforme gracia de Dios» (1 Pedro 4:10).

Por lo tanto, podríamos decir que la primera pauta para nuestra vida de ministerio es reconocer que, como mujeres cristianas, tenemos dones para servir al Señor. Dios nos los dio por medio del Espíritu Santo a fin de beneficiar y mejorar el cuerpo de Cristo. Como aprendimos más arriba: «a cada uno le es dada la manifestación del Espíritu para provecho» (1 Corintios 12:7). Y como aprendimos antes, se nos ordena «usar» nuestros dones espirituales y «ministrarnos» los unos a los otros como «mayordomos» buenos y responsables. Dios nos ha confiado sus dones de gracia, que se deben administrar (eso es lo que hace un mayordomo), desarrollar y usar para Él.

Nuestra selección de servicio al Señor

Aquí tenemos otro hecho hermoso (¡y reconfortante!) y otra pauta sobre nuestra dotación espiritual: los dones son variados. Existe una amplia selección de dones espirituales mediante los cuales los creyentes sirven al Señor y a su pueblo. Es verdad, el Espíritu Santo da todos los dones, los designa y los distribuye entre los creyentes según la voluntad de Dios, y el mismo Espíritu los otorga, pero los dones espirituales son diversos y diferentes (1 Corintios 12:1-11). La belleza de los dones se encuentra en su Fuente y en su variedad... y lo reconfortante es que los dones son exclusivos en cada uno de nosotros. Nuestro don no necesariamente tiene que ser como el de ningún otro, ni debería serlo. (¡Eso sí que es reconfortante!).

Algunos de los dones: ¿Cuál es la selección de los dones espirituales? Las listas principales se encuentran en Romanos 12:6-8 y en 1 Corintios 12:8-10. Y el libro de 1 Pedro parece implicar que los dones espirituales caen en dos categorías: los dones *de hablar* y los dones de *servir* (1 Pedro 4:11).

Tres de los dones: Pasaremos toda la vida descubriendo, desarrollando y ministrando nuestros dones espirituales. Sin embargo, ningún cristiano debe esperar este proceso para comenzar a preocuparse por los creyentes de su iglesia. De ninguna manera, a ti y a mí se nos ordena que nos amemos los unos a los otros de manera ferviente (1 Pedro 1:22). Y se nos ordena que ejerzamos tres de los dones espirituales: servir, dar y mostrar misericordia. Por lo tanto, como cristiana nueva, una vez más encontré una «zona de bienestar» (¡y tú también puedes hacerlo!) en estos tres dones, al comenzar sencillamente a poner en práctica los mandamientos de Dios de servir, dar y mostrar misericordia.

Hasta el día de hoy, oro todas las mañanas para servir a cualquiera que se me cruce en el camino... sobre todo a los de la familia de la fe (Gálatas 6:10). También oro para estar atenta todo el día a darle a quienes tienen necesidad y a las causas valiosas. ¿Y la misericordia? ¡Ah, la misericordia! Debo admitir de inmediato que la misericordia no es uno de mis dones espirituales... pero oro a diario y con seriedad para tener un corazón como el de Jesús, un gran corazón de amor, un corazón que se movía a compasión cuando veía a alguien en necesidad.

Querida hermana y compañera en el servicio al Señor, procuremos servir, dar y mostrar misericordia de la manera en que nos aconseja Juan Wesley:

> Haz todo el bien que puedas,
> Por todos los medios que puedas,
> De todas las maneras que puedas,
> En todos los lugares que puedas,
> En todos los momentos que puedas,
> A toda la gente que puedas,
> Durante todo el tiempo que puedas.

Algunos que ministraron sus dones: En el siguiente capítulo llegaremos a lo que llamo «los cinco archivos gordos», pero en un comienzo, cuando al principio establecí estos cinco archivos, uno de ellos se llamaba «Las mujeres de la Biblia». En algunas de estas mujeres vemos una variedad de ministerios llevados a cabo. Por ejemplo:

- Un grupo de mujeres fieles ministraban con sus dones de dinero y recursos para ayudar y apoyar a Jesús y a sus discípulos en sus viajes de predicación (Lucas 8:2-3).

- Las dos hermanas, María y Marta, hospedaban con regularidad a Jesús y a sus discípulos en su hogar en Betania (Lucas 10:38-39).

- Otro grupo fiel de mujeres permaneció junto a la cruz, siguieron a los que llevaron el cuerpo de Jesús a la tumba y fueron las primeras en llegar al lugar con los primeros rayos de luz del día para ungir el cadáver del Señor, pero resultó ser que fueron las primeras en enterarse de su resurrección (Lucas 23:49-24:10).

- La madre de Juan Marcos fue la anfitriona de una reunión de oración en su casa... a raíz de la cual, Pedro salió de la cárcel (Hechos 12:12).

- La rica mujer de negocios, Lidia, hizo de su hogar un lugar de reunión para los creyentes que formaban la iglesia en ciernes en Filipos (Hechos 16:40).

- Priscila, junto con su esposo, Aquila, ministraba personalmente a Pablo (1 Corintios 16:19) y a Apolos, y abrieron su hogar para las reuniones de la iglesia (Hechos 18:24-26).

- A Febe se describe como sierva en su iglesia y como una ayudante para muchos... incluyendo a Pablo (Romanos 16:1-2).

- Las viudas de la iglesia primitiva no solo dispensaban comida y hospitalidad, sino también una multitud de otras buenas obras, que iban desde criar huérfanos hasta atender a los enfermos (1 Timoteo 5:10).

- Las ancianas en la iglesia deben pasar sus días enseñando y animando con amor a las mujeres jóvenes (Tito 2:3-5).

¡Qué desfile más fascinante de santas mujeres! ¿Y qué hacían? Nada que tú o yo no podamos hacer. Ministraban sus dones sirviendo, dando y teniendo misericordia. Abrían sus corazones, sus bolsos de mano y sus hogares para suplir ayuda, oración, asistencia, limosnas y consejos. Una vez más, no hacían nada que tú y yo no podamos hacer.

Al cerrar esta sección sobre la selección de dones espirituales, no puedo dejar de contar esta deliciosa historia. Parece decirlo todo a la hora de hablar de la diversidad de dones espirituales y de cómo manifestarlos. La ilustración se centra en una cena ficticia que se desarrolla en una iglesia en la cual sucede un accidente: ¡al cocinero se le cae el postre al piso! ¿Qué sucede a continuación?

El que *sirve* dice: «Dejen que yo lo limpie».
El *líder* dice: «Juan, ¿podrías ir a buscar un paño? Susana, si ayudas a limpiar, María y yo podemos ir a preparar otro postre».
El que *da* dice: «Yo iré y compraré otro postre».

El *misericordioso* dice: «No te sientas mal, le podría haber sucedido a cualquiera».

El *profeta* dice: «Eso es lo que sucede cuando no tienes cuidado».

El *maestro* dice: «No cabe duda de que se te cayó porque no estaba bien equilibrado; la bandeja tenía demasiado peso en un lado».

El que *exhorta* dice: «Para evitar esto en el futuro, deberías usar las dos manos»[1].

Tal vez una buena prueba para saber cuál es tu don espiritual sería preguntarte: «¿Cuál de todas estas respuestas hubiera dado?».

Nuestro crecimiento para servir al Señor

Ahora que sabemos lo que respecta a servir, dar y mostrar misericordia, tú y yo podemos estar ocupadas en nuestras iglesias. No hay nada que logre impedirnos seguir las pisadas de las inspiradoras mujeres de la Biblia que nos muestran el camino para servir al Señor.

Sin embargo, también tenemos la responsabilidad de descubrir, desarrollar y crecer en el uso de nuestros dones espirituales fundamentales. Muchos cristianos se preguntan: «¿Cómo sabré cuál es mi don? ¿Cómo descubriré mi campo de acción? ¿Cómo lo reconoceré?». Las siguientes señales te pueden guiar a lo largo del camino a fin de descubrir tus dones únicos y para crecer en tu servicio al Señor y a su pueblo.

Tu servicio te traerá gozo. El gozo es un fuerte indicador de los dones. ¿De qué disfrutas más en el ministerio, en el servicio a los demás, en la iglesia?

Tu servicio te traerá fruto. Cuando usas tus dones espirituales, los otros son bendecidos y tú también. El fruto de Dios que nace a través de tu servicio es otro indicador de tu campo de acción. Al mirar tu servicio hacia los demás, ¿qué es lo que Dios parece bendecir más?

Tu servicio se confirmará por los demás. A medida que ministras tus dones y los demás son bendecidos, te lo dirán. Aunque no puedas poner el dedo sobre lo estás haciendo ni seas capaz de discernir cuál es tu don, los otros pueden hacerlo. Recibirán ayuda y, créeme, expresarán su gratitud. ¿Qué te dicen los demás? ¿Por qué te agradecen?

Tu servicio creará oportunidades para que se repita. Cuando ministras tu don y creces en ese aspecto bendiciendo a otros, es probable que te pidan una y otra vez que repitas tu ministerio. ¿Qué te piden los demás que hagas?

Miremos a la vida

¡Servir al Señor! ¡Qué esfera tan vital y fascinante es esta! Además, es en verdad asombroso y sobrecogedor pensar siquiera que tú y yo podamos servir a Dios de alguna manera. Sin embargo, no solo se nos ordena que entreguemos nuestra vida en servicio, sino que Dios nos capacita y nos dota para servir. Como dije, es en verdad asombroso.

Esto nos lleva a una guía final que no solo resume nuestro ministerio en el cuerpo de Cristo, sino también la pasión y el propósito más alto que cualquier cristiano pueda tener jamás...

Tu servicio glorificará a Dios. Cuando el Espíritu de Dios ministra a través de ti, la Fuente de tu poder es evidente para todos. Se necesita una cualidad *sobrenatural*. ¿Por qué? Porque no eres tú. No es natural y no se puede explicar. Es un *don espiritual* que ministra el poder del Espíritu Santo al operar en ti y a través de ti. Y el ministerio que se lleve a cabo de manera desinteresada y sin reservas en el Espíritu no te glorificará a ti, sino a Dios... de quien somos y a quien servimos (Hechos 27:23).

Querida, el propósito de todo nuestro servicio es glorificar a Dios, así como es el propósito de todo lo que decimos y hacemos en cada esfera de nuestra vida. Como en todas las demás cosas, nuestro servicio se hace en el Señor y para Él. Esta combinación asegurará que Dios sea glorificado. Ahora bien:

Cada uno según el don que ha recibido,
minístrelo a los otros,
como buenos administradores
de la multiforme gracia de Dios [...]
para que en todo sea Dios glorificado
por Jesucristo,
a quien pertenecen la gloria
y el imperio por los siglos
de los siglos
(1 Pedro 4:10-11).

Capítulo 17

Diez disciplinas para administrar tu ministerio

Cada uno según el don que ha recibido,
minístrelo a los otros, como buenos administradores
de la multiforme gracia de Dios.

1 Pedro 4:10

En el capítulo anterior narré cómo comencé a ministrar y a servir al Señor. Si recuerdas, no estaba muy entusiasmada al respecto. Todo comenzó como respuesta a una carta que llegó a mi buzón en la que pedían maestras para comenzar un ministerio con las mujeres. Mientras leías la historia de cómo crucé la línea y me lancé (¡en fe!) a enseñar la Biblia, tal vez pensabas: «Bueno, la enseñanza no es mi don en absoluto. Un ministerio público no es para mí».

Tal vez tengas razón. Es posible que seas como las muchísimas mujeres que respondieron a la misma carta ofreciéndose como voluntarias para llevar a cabo otros ministerios que forman la columna vertebral de cualquier esfuerzo cristiano. Algunas de esas queridas mujeres se ofrecieron como voluntarias para organizar y administrar. Otras prefirieron ser anfitrionas, estuvieron dispuestas a convocar, a preparar o servir el café, escribir a máquina y reproducir las lecciones, cantar o dirigir la música, etc. Lo importante es que cada una de nosotras respondió al llamado según nuestro deseo de servicio, nuestros dones espirituales y al impulso del Espíritu Santo. Y cada respuesta requirió fe, tiempo, preparación, sacrificio y un corazón que deseaba ministrar.

¿Deseas servir al Señor, servir en tu iglesia, servir al pueblo de Dios? En verdad espero y oro que así sea porque esta es otra esfera de la vida que necesita administración. Y lo que te ofrezco aquí son algunas de las disciplinas que te ayudarán a estar preparada para que cuando te llegue una carta, un llamado o te aparezca una oportunidad en el camino, estés más lista para responder de manera positiva... incluso en medio de una vida ajetreada. Recuerda... el «éxito» es el momento en que la preparación se encuentra con la oportunidad de Dios.

1. **Desarrolla los «cinco archivos gordos».**

Siempre cuento acerca de la mujer mayor y más sabia que me dijo en mis comienzos de la vida cristiana: «Liz, necesitas cinco archivos gordos». (Ah, sí, resulta ser la misma maravillosa mujer que me advirtió sobre la especialización en los detalles). De cualquier modo, mientras hablaba y yo escuchaba y tomaba nota, desarrolló su teoría de los «cinco archivos gordos». Literalmente consistía en conseguir cinco carpetas de archivos, de las que tienen hendiduras a lo largo de las puntas dobladas que marcan la capacidad de expansión del archivo. Así que ese es el Primer Paso: conseguir cinco carpetas de archivos, ¡que se pondrán gordas!

Después de comprar las carpetas, seguí con el Segundo Paso (que, debo añadir, es mucho más desafiante que correr a la librería a comprar cinco carpetas de archivos). Este paso era escoger cinco esferas de servicio, o cinco aspectos de la vida, o cinco temas en la Biblia, en los cuales quisiera crecer a propósito. Entonces, debía etiquetar cada carpeta con uno de los temas. Y ahora te paso la tarea a ti. La limitación a cinco es con el fin de imponer restricciones en cuanto a dónde ponemos el mayor esfuerzo de nuestro estudio. Tú y yo no podemos estudiar todo. Entonces, escogemos cinco asuntos.

Y, por supuesto, el Tercer Paso es comenzar a llenar los archivos. ¿Cómo? Leyendo todo lo que te sea posible sobre los asuntos elegidos. Y no solo leyendo, sino fijando ideas al resumir, escribiendo a máquina citas que deseas guardar, esbozando un resumen de un libro leído.

Luego vienen las clases que tomas relativas a los asuntos, los casetes y vídeos que escuchas y los seminarios a los que asistes y que se relacionan con las cinco esferas. Las copias y notas que obtengas de estas actividades van al archivo.

Luego añade la información que leas en revistas, periódicos o panfletos. Busca la manera de copiarlos o adherirlos y mándalos al archivo. (Y no olvides tomar nota con sumo cuidado de la fuente de información).

Luego investiga, ya sea en enciclopedias, en comentarios bíblicos, en Internet o en la biblioteca. Una vez más, regístralo y archívalo en tus carpetas.

De manera lenta pero segura, la expansión de tus archivos te indicará que estás alcanzando el nivel de una experta. Aunque tengas una agenda cargada y una vida agitada, a un ritmo constante te informarás bien acerca de cinco temas diferentes y vitales que hablen al corazón y a la vida de las mujeres cristianas.

Ahora bien, ¿cuáles serán tus cinco archivos gordos, querida? Te pido que des...

El Primer Paso: conseguir o comprar cinco carpetas de archivos. Luego da...

El Segundo Paso: ora... y luego selecciona tus cinco temas de ministerio y etiqueta las carpetas. No te preocupes, estos asuntos no están grabados en piedra. Puedes cambiarlos, no hay problema, pero no permitas que la duda ni la inseguridad sean un obstáculo para dar este paso. Luego da...

El Tercer Paso: comienza la fascinante aventura de llenar tus cinco archivos hasta que estén gordos y llenos hasta desbordar. Tan solo piensa en todo lo que habrás aprendido y en todo lo que habrás crecido. Y tan solo piensa en las muchas mujeres que se pueden beneficiar con tu crecimiento a medida que tu *vida* (junto con tus archivos) alcanza la capacidad máxima y comienza a salpicar sobre el ministerio. Nunca serás la misma... y las vidas de las mujeres que toques tampoco lo serán.

2. **Determina tus dones espirituales.**

Ya hemos considerado muchos de los pasajes de la Escritura acerca de los dones espirituales en el cuerpo de Cristo. Y ahora es tiempo de tratar de descubrir cuál puede ser, o cuáles pueden ser, tu don o tus dones. Aquí tenemos algunas ayudas.

- Hazte las preguntas enumeradas en las pautas a fin de determinar cuáles pueden ser tus dones (fíjate en el capítulo anterior bajo el título «Nuestro crecimiento para servir al Señor»).

- Pregúntales a otros cristianos qué ven en ti, qué ven que haces en el ministerio, cómo te ven en la ayuda a los demás.

- Pídele al Señor en oración que afirme tus dones espirituales. Pregunta en tu iglesia qué necesidades hay. Luego ayuda. Una vez que te encuentres ocupada en la iglesia, comenzarás a descubrir dónde se encuentra «tu lugar divino».

- Trata de conseguir una prueba o cuestionario de dones espirituales. Estas pruebas te pueden ayudar a determinar y a desarrollar tus dones.

- Doy gracias a Dios por haber encontrado uno de estos cuestionarios bien al comienzo de mi vida cristiana. ¡Vaya sorpresa, me indicó que tenía «una medida de fe» (Romanos 12:3)! Al pensar en las preguntas que hicieron surgir este don espiritual, obtuve alguna idea de qué hace la fe y cómo se manifiesta. Luego invertí las preguntas y las convertí en una especie de lista de cosas para hacer. Por ejemplo: «Los que tienen el don de la fe tienen un ministerio eficaz en la oración». Esta declaración me ayudó a comenzar a orar por otros y a tomar en serio ese ministerio de la oración. Y aquí tenemos otra: «Los que tienen el don de la fe tienen la carga de animar a otros a confiar en Dios cuando se sienten derrotados o desanimados». Amiga, creo que este trabajo sobre el don espiritual de la fe ha llegado a ser el énfasis primario de mi ministerio a las mujeres. Además, este conocimiento me da el valor y la confianza (en el don y en el Señor, por supuesto) para abrir mi boca cuando alguien está desanimado y enseñarle según mi don de fe. No puedo menos que esperar y orar para que el conocimiento de tus dones te estimule a desarrollarlos con fidelidad y te anime a usarlos con valentía.

• Pregúntale a tu corazón. No me parece mal que le preguntes a tu corazón qué le gustaría hacer para servir al pueblo de Dios. Muchas veces el deseo de nuestro corazón (Salmo 37:4) es lo que nos guía de forma directa a nuestros dones espirituales.

3. Desarrolla los dones espirituales.

Una vez que descubras las esferas en que te dotaron, puedes comenzar a desarrollarlas, y la mejor manera de hacerlo es leyendo la Biblia. Este es un libro espiritual, y tus dones espirituales se estimulan al leer la Palabra de Dios. Su Espíritu se pone en marcha para trabajar en tu vida, en tu mente y en tus dones. Cuando leo la Biblia (y me refiero justo al momento en que lo hago) las ideas para el servicio y el ministerio surgen a torrentes. Me vienen personas a la mente... y me surgen ideas de cómo ministrarles. Recuerdo necesidades de la iglesia... y aparecen ideas para satisfacer esas necesidades.

Y lo mismo sucede con otras mujeres también. Por ejemplo, conozco a una mujer que construye de manera constante y activa el «ministerio de Bernabé» (Hechos 4:36-37), ministerio que está orientado a animar a la gente que necesita aliento. Otra amiga mía dirige lo que llamo La Cocina de Sopa de Judy. Enfermera y dos veces sobreviviente de cáncer, Judy sabe muy bien lo que se necesita cuando alguien está enfermo. Así que allá va, con sus modales cálidos, su sopa caliente, su corazón afectuoso desbordante de misericordia y con una batería de versículos para enseñar y dejar tras de sí, que entibian el corazón.

Entonces, prepárate para desarrollar tus dones. Lee con fidelidad la Biblia y busca las referencias que se hacen a tus dones, lo que se enseña acerca de ellos, cómo se ministraban y quiénes los ministraban. (¡Y no te olvides de guardar lo que descubres!).

4.   No dejes de orar por oportunidades en el ministerio.

Espero que a esta altura tengas alguna especie de cuaderno de oración. ¿Por qué no separar una página para comenzar a orar por oportunidades para ministrar? Ya te conté que todas las mañanas oro pidiendo oportunidades para servir, para dar y para mostrar misericordia «a todas las personas que pueda... de todas las maneras que pueda». Gente herida hay por todas partes. Oportunidades para el ministerio, también. Tal vez deberíamos orar para que se nos abran los ojos, los oídos y los corazones (¡así como las manos y las carteras!). Después de todo: «los ojos del Señor están sobre los justos, y sus oídos atentos a sus oraciones» (1 Pedro 3:12). ¿No debería suceder lo mismo con nuestros ojos y nuestros oídos?

Y mientras oras, pide ser fiel en cualquier ministerio en el que participes. Administrar un ministerio es mayordomía... y se requiere de las administradoras que sean halladas fieles (1 Corintios 4:2). Por tanto, ora para ser fiel al ministrar dentro de una vida ya atareada.

5. Acepta el desafío a crecer.

Como mujeres atareadas, nuestro tiempo siempre es escaso. Aun así, resulta extraño que parece haber tiempo suficiente para hacer otro viajecito al centro comercial o para mirar el promedio nacional de 6,4 horas de televisión al día. (Y aquí tenemos otra estadística que nos asusta: una persona promedio pasará diez años de su vida mirando televisión). Entonces, el verdadero problema no es la falta de tiempo, sino la administración de *nosotras mismas*. Eso es lo que el autor de Hebreos afirma al mostrarles a sus lectores su desilusión en cuanto a su inmadurez: «Porque debiendo ser ya maestros, después de tanto tiempo, tenéis necesidad de que se os vuelva a enseñar cuáles son los primeros rudimentos de las palabras de Dios» (Hebreos 5:12). En otras palabras, han fracasado en administrar sus vidas de una manera que asegure su crecimiento espiritual.

Mi amiga, ¿hace cuánto que eres cristiana? Es tiempo suficiente como para que hayas aprendido algo que puedas transmitirle a una hermana menor en el Señor. El cuerpo de Cristo necesita tus dones. Las mujeres en tu iglesia necesitan que crezcas para que, si no es ahora, en algún momento en el futuro tengas algo para transmitir. El grito desesperado que se escucha a través de todo el país de una generación nueva y necesitada de mujeres es: «¿Dónde están las mujeres mayores?». Si tú y yo administramos nuestra vida con pasión y propósito, *habrá* tiempo para que nos convirtamos en un cuerpo de mujeres que pueda servir, apoyar, preparar y enseñar a nuestras hermanas menores.

6. Exígete al máximo de tu capacidad.

El ministerio es dinámico. Al aceptar el desafío a crecer espiritualmente y en nuestra habilidad para usar nuestras esferas dotadas, es probable que en el camino surjan nuevos desafíos de ministerios. Eso fue lo que me sucedió a mí. Cuando me lancé a enseñar en una clase bíblica, solo aparecieron seis mujeres (¡y dos de ellas desertaron después de la primera clase!). Más tarde, me pidieron que enseñara en un taller optativo... y aparecieron sesenta mujeres (¡huy!). Después me invitaron para enseñar y dar conferencias y me encontré en un gimnasio lleno de mujeres. (¡Eso sí que es exigirse!).

Sin embargo, eso es lo que muchas veces sucede cuando el pueblo de Dios lo sirve. Por ejemplo, cuando nos encontramos por primera vez con Felipe en Hechos 6, ¿qué estaba haciendo? Servía. Servía las mesas y les daba alimentos a las viudas de la iglesia (versículos 2-5). Luego, ¿qué lo vemos haciendo en Hechos 8? Se encontraba en Samaria predicando a Cristo y la multitud «escuchaba atentamente las cosas que decía Felipe, oyendo y viendo las señales que hacía» (versículo 6). (¡Eso sí que es exigirse! ¡Un buen salto de las comidas a los milagros!).

Por lo tanto, mi querida amiga que sirves, haz algo. ¡Haz cualquier cosa! Solo sé fiel. Luego, cuando en tu camino surjan otras oportunidades para el ministerio, oportunidades que prometen exigirte, no te eches atrás. En cambio, mira al Señor en busca de ayuda, sé fiel... ¡y deja que comience la exigencia!

7. Apoya a otros en el ministerio.

Las tres peores palabras en la Biblia (en mi opinión como mujer) son las de Pablo dirigidas al liderazgo de la iglesia de Filipos al decir: «ayuda a estas» (Filipenses 4:2-3). La breve carta a los Filipenses es una de las más dulces de la Biblia. Está llena de aliento y de regocijo, ya que Pablo les expresa su amor a sus amigos. Y luego, en medio de estas emanaciones afectuosas, Pablo tiene que detenerse para nombrar a dos mujeres... para exhortarlas a que dejen de discutir y de causar problemas... y les pide a los líderes que las ayuden a resolver sus diferencias. Mi respuesta siempre es como la exclamación del apóstol Santiago: «esto no debe ser así» (Santiago 3:10).

No, no debería ser así. En cambio, deberíamos apoyar a los demás en el ministerio. Tú y yo sabemos que lo que se necesita es tiempo, sacrificio, disciplina, preparación y valor para llevar a cabo cualquier ministerio. Entonces, que nos conozcan por alentar a todos. Seamos de las que se ponen al lado de otros que sirven al Señor. Seamos las que alientan a quienes están probando sus alas al usar sus dones espirituales. Ofrezcámonos como voluntarias para ayudarlos. Oremos por ellos. Y, por sobre todas las cosas, no los critiquemos.

8. Ora por tus pastores y líderes.

Una de las mayores contribuciones que podemos hacer al ministerio puede y debe ser orar por los líderes de nuestras iglesias locales. Estos líderes piadosos sirven a la iglesia de parte de Cristo y deben rendir cuentas de su fidelidad (Hebreos 13:17). Dios les ha dado normas muy elevadas de acuerdo a las cuales deben vivir (1 Timoteo 3:1-7; Tito 1:5-9) y necesitan nuestras oraciones constantes para tener el valor moral para conducir con fuerza y determinación bíblica.

Me gusta la declaración de Santiago: «La oración eficaz del justo puede mucho» (Santiago 5:16). Entonces, crea una página en tu cuaderno de oración dedicada a los líderes de tu iglesia, y ora por ellos con regularidad. Tal vez desees escoger un día específico de la semana para orar por tus pastores y líderes. (Y, posdata, otro beneficio adicional que recibimos al orar por nuestros líderes es que nos sentiremos menos inclinadas a quejarnos o a criticar).

9. No descuides a tu familia por el ministerio.

No debería ser necesario decir algo acerca de este punto... pero lamentablemente es una esfera de debilidad para muchas mujeres como lo revela la siguiente carta:

> La enseñanza de Dios me ha desafiado y animado con respecto a que la mujer debe poner primero a su familia antes que el ministerio. Dios me lo

ha estado susurrando durante años, pero no lo escuché con fuerza y claridad hasta hace poco. En mi hogar hay mucha más paz ahora, y estoy más feliz porque mis prioridades se encuentran más en línea con las prioridades de Dios.

Esta es otra carta que merece una felicitación. Felicitaciones para esta atareada esposa, madre y administradora del hogar que hizo el cambio y ahora cosecha las bendiciones de negarse a descuidar a su familia por el ministerio. (Y podemos estar seguras de que su familia también recibe bendición).

Querida amiga lectora, siempre debemos recordar que la familia es un ministerio. Esta enseñanza bíblica debe grabarse a fuego en nuestros corazones y en nuestras mentes. Y, al mismo tiempo, la familia es *más que* un ministerio. Es una tarea que Dios no le da a nadie más que a nosotras. A la par de la prioridad suprema de nutrir nuestra vida espiritual en la Palabra y en la oración, tenemos la mayordomía, la administración, de nuestro matrimonio, de nuestra familia y de nuestro hogar. Que al igual que la mujer de Proverbios 31, podamos siempre considerar bien los caminos de nuestra casa (Proverbios 31:27).

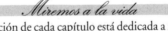

Miremos a la vida

Como esta sección de cada capítulo está dedicada a mirar la vida y nuestra pasión por poner en práctica el plan de Dios para nuestra vida, esta disciplina final de administrar nuestros ministerios parece encajar aquí. Al avanzar en la lectura, creo que estarás de acuerdo.

10. Toma la decisión de que el ministerio sea para toda la vida.

Cuando pienso en el período de nuestras vidas y en sus variadas etapas, un viejo dicho cristiano parece dar en el blanco en lo que respecta al ministerio y a la vida. Sencillamente dice que somos «salvos para servir». ¿No es esa la verdad? Como nos compraron por un precio y redimieron por la sangre del Cordero, como nos han «salvado» de este mundo y de nuestros pecados, podemos «servir» al Señor Jesucristo con pasión, gratitud y humildad... ¡para siempre!

En tanto que en las idas y venidas de la vida podemos experimentar etapas en nuestros papeles y responsabilidades, no existe una «etapa» para servir a Dios. No es que servimos hasta que alcanzamos cierta edad y entonces decimos: «Que lo haga algún otro. Ya he dado mi tiempo. Ya tuve mi oportunidad. Ahora le tocó el turno a otro. Dejemos que los más jóvenes tomen su turno». No, nos salvaron para servir, o dicho de otra manera, salvos para servir toda la vida. El apóstol Pablo *proseguía a la meta* para alcanzar el premio (Filipenses 3:14) y *peleó* la buena batalla hasta su último aliento cuando *acabó* la carrera (2 Timoteo 4:7).

Aquí tenemos algo en qué pensar: la pregunta #1 que se hace con mayor frecuencia es: «¿Dónde están las mujeres mayores?». Esta pregunta la hacen las mujeres jóvenes que van desde las muchachas de la escuela secundaria hasta las que están en la mitad de la década de los cuarenta. Cada una tiene una necesidad única de que alguien la guíe, le enseñe y la instruya, y desea con urgencia, y pide, ayuda. No obstante, cuando dan el paso de seguir la instrucción de Dios de buscar instrucción en las mujeres mayores (Tito 2:3-5), vuelven con las manos vacías.

¿Dónde *están* las mujeres mayores? ¿Será posible que el concepto de una «etapa» de ministerio, una actitud de «Ya he prestado mi servicio y he dedicado mi tiempo» haya sacado a las valiosísimas mujeres mayores de Dios fuera del ámbito del ministerio, de tal manera que no están disponibles para las mujeres más jóvenes?

En tanto tú y yo tengamos vida y aliento, Dios espera que participemos en el ministerio. Además, cuanto más envejecemos, más aptas deberíamos estar para ministrar. Y cuanto más envejecemos, nuestro ministerio debería ser más importante, ya que los años nos dan mayor experiencia, mayor conocimiento de la Palabra, mayor sabiduría, mayor fe y hasta mayor cantidad de tiempo.

Por lo tanto, querida mía, tomemos la visión que Dios tiene de nuestra vida y de nuestro ministerio como si fuera la nuestra. Decidamos que el ministerio es para toda la vida. Entonces...

... planea para una vida de ministerio.
... prepárate para una vida de ministerio.
... ora por una vida de ministerio.
... practica una vida de ministerio.
Y, por la gracia de Dios,
... produce una vida de ministerio.

Octava parte

*La administración
de tu tiempo...
y de tu vida*

Capítulo 18

La administración de tu
tiempo... y de tu vida

Mirad, pues, con diligencia cómo andéis, no como
necios sino como sabios, aprovechando bien el tiempo [...]
Por tanto, no seáis insensatos, sino entendidos
de cuál sea la voluntad del Señor.

EFESIOS 5:15-17

Muy bien, mi fiel compañera de viaje, hemos completado el círculo de nuestro recorrido para entender de qué manera administrar la vida como mujeres ocupadas. Comenzamos con Dios y su Palabra, y terminamos con Dios y su Palabra. Comenzamos considerando las esferas principales de nuestra vida con la determinación de conocer la perspectiva de Dios en cuanto a esas esferas. Luego decidimos, con la ayuda de Dios, comenzar a desarrollar las disciplinas que nos aseguren mejor una medida de éxito en cada una de estas esferas. Todo esto abarca lo que la Biblia quiere decir cuando nos llama a ti y a mí a «andar «con diligencia [...] no como necios sino como sabios [...] entendidos de cuál sea la voluntad del Señor» (Efesios 5:15,17).

Como mujeres sabias, tú y yo debemos dedicar nuestra vida a conocer y hacer la voluntad de Dios. Entonces, cuando procuremos hacer su voluntad, la administración de los minutos, las horas y los días de nuestra vida se hará mucho más fácil porque nos encontraremos viajando en la dirección *de Dios*, hacia la voluntad *de Dios*. En lugar de luchar contra Dios, contra sus planes y propósitos para nosotras, procuraremos hacer su obra a su manera. Esa es la clave para la administración de la vida, mi querida hermana: *¡hacer la obra de Dios a su manera!*

Entonces, ¿cómo nos preparamos para lograr fielmente (y con pasión y propósito) todo lo que Dios pide de nosotras, sus mujeres atareadas? La Biblia nos da la respuesta: debemos *redimir* el tiempo (Efesios 5:16).

Redimir el tiempo

Redimir el tiempo significa reclamar, recuperar, rescatar y volver a obtener. Aquí tenemos algunos principios para que nos guíen:

- Redimimos el tiempo cuando… aprovechamos al máximo nuestra *vida*, nuestro tiempo limitado en esta tierra malvada, al llevar a cabo los propósitos de Dios. Al alinear nuestra *vida* y cada oportunidad para ofrecer una adoración y un servicio útil bajo la voluntad de Dios, la *vida* adquiere una cualidad de suma eficiencia. Ya no hacemos «cosas». Ya no nos gobierna el ajetreo de la vida. En cambio, comenzamos a hacer las «cosas *buenas*». Comenzamos a concentrarnos en ocuparnos de los negocios de Dios. Y, querida amiga, nunca estarás demasiado ocupada si te encuentras haciendo las «cosas» de Dios.

- Redimimos el tiempo cuando… lo aprovechamos al máximo: los minutos, las horas y los días de nuestra vida atareada. Como nos recuerda el breve pero aleccionador poema:

> Tengo tan solo un minuto,
> Solo sesenta segundos en él…
> No es más que un pequeño minuto,
> Pero la eternidad está en él.

- Redimimos el tiempo cuando... con determinación y en oración le pedimos a Dios que nos dé su sabiduría para tener idea de cómo *reclamar, recuperar, rescatar* y *volver a obtener* los minutos, las horas y los días de nuestra vida para Dios y su gloria.

- Redimimos el tiempo cuando... nos damos cuenta de que no podemos administrarlo. El tiempo es rebelde, implacable y fluye sin cesar hacia la eternidad. Solo podemos administrarnos a *nosotras mismas*. (¡Y eso requiere una gran disciplina!).

Al terminar este libro sobre *Cómo administrar la vida* para *mujeres ocupadas* debemos mirar con detenimiento el espejo de nuestra alma. Debemos hacernos la pregunta: «¿Deseo poner en práctica el plan de Dios con pasión y propósito?». Ya conozco la respuesta. Es *sí... ¡sí!... y mil veces sí*. No hubieras llegado hasta aquí en la lectura si no estuvieras lista para hacer lo que sea, con tal de comprender y comenzar a llevar a cabo la voluntad de Dios para tu vida.

Entonces, la pregunta ahora es: *¿cómo* manejamos el asunto del tiempo? A todas nos sucede que parece que a nuestras buenas intenciones se las tragara el incesante remolino de nuestras vidas ocupadas. Demasiadas veces llegamos al final de otro día que comenzó con muchos sueños maravillosos y con la misma cantidad de buenas intenciones, solo para encontrarnos frustradas y derrotadas por completo. Asombradas, nos lamentamos: «¡¿Qué sucedió?!». Pues bien, querida, ¡esa es una buena pregunta! Sigue haciéndotela. ¡Por favor! Siempre debemos pesar y evaluar el uso y los resultados de cada día precioso. Siempre debemos descubrir a los «bandidos del tiempo» y a los «ladrones del tiempo» a los cuales les permitimos que nos quiten nuestros valiosos minutos. Luego, una vez que los identificamos, debemos cuidarnos de ellos porque con toda facilidad logran apoderarse de nuestros minutos y son capaces de socavar nuestra preciosa vida.

Cuida tu tiempo

Para poner en práctica el plan y los propósitos de Dios, debes velar para que los ladrones del tiempo que se enumeran abajo no te roben tus preciosos días. Por lo tanto, cada noche toma algo de tu valioso tiempo para evaluar la forma que adquirió tu día bellamente planeado... para ver en qué momento se salió de la huella. ¿Qué te robó el día? ¿Qué arruinó tu plan maestro?

1. *¿Fue la dilación?* Uno de los grandes ladrones de tu tiempo es posponer algo que sabes que debes hacer. Veamos el típico cuadro: Durante todo el día supiste que necesitabas hacer algo, algo importante para poner en práctica el plan de Dios, algo que se encontraba en lo alto de la lista de prioridades. Sin embargo, por alguna razón: pereza, temor, falta de seguimiento o de concentración, no pudiste terminar. Por consiguiente, al final del día tu energía estaba minada y el plan para el día se vio frustrado por la tarea sin terminar. La solución es decidirse a dejar de posponer. En su lugar, debes decidirte a hacerlo, simplemente hacerlo y hacerlo ahora.

2. *¿Fue una planificación o programación pobre?* Se ha dicho: «Si no planeas tu día, alguna otra persona lo planeará en tu lugar». Así que te pregunto: ¿Quién es la mejor persona para planificar tu día? ¿Quién es la que ha orado por las prioridades y el deseo de hacer la voluntad de Dios? ¡Eres tú, querida mía! No permitas que otra persona que no tiene idea de cuáles son tus metas y los deseos y prioridades que Dios te ha dado planee tu día. Es el día, el único día, que Dios te ha dado para servirlo. Es todo lo que tienes para

servirlo y para poner en práctica su plan... hasta
mañana. No permitas que otra persona se apodere
del día de Dios. En su lugar, planifica tu día,
organízalo y protégelo.

3. *¿Fue la gente que no estaba dentro del plan del
    día?* Como mencioné en la sección social de este
    libro, las dos somos personas sociales. Amamos
    a la gente y nos encanta estar con ellas. Y así es
    como debe ser. Con todo, debes decidir cuánto
    del tiempo de Dios y de su día le puedes dar a la
    gente. Están, por supuesto, quienes son una
    prioridad en tu vida, tu familia, que deben reci-
    bir todo el tiempo que necesiten. (Después de
    todo, son la obra de arte que Dios te ha asigna-
    do que realices). No obstante, después de estos
    seres queridos, debes tener discernimiento. En
    cada encuentro debes aprender a pedirle a Dios
    sabiduría. Debes recurrir al Padre del tiempo
    para preguntarle cuánto debes dedicarle a cada
    persona. Pídele que te explique en detalle cuál
    es la necesidad del momento... y luego sigue su
    dirección. Entonces, decídete a orar cuando
    aparezcan las interrupciones.

4. *¿Fue una delegación deficiente?* Como esposa y
    madre no hay muchas personas a las cuales pue-
    das delegarles la tarea. No puedes delegarle
    tareas a tu hijo de tres años... pero, sin duda,
    puedes hacerlo con el de trece. Por lo tanto, cer-
    ciórate de inculcarles responsabilidad a tus hijos
    a medida que crecen. (¡Cuánto antes, mejor!).
    Desarrollará el carácter en sus vidas y te aliviará
    la carga. Además, hará que la vida en tu familia

sea un esfuerzo de equipo. Si otros te ayudan, se podrán completar más tareas, y tú te dedicarás a lo que solo tú puedes hacer.

5. *¿Fue un uso deficiente del teléfono?* El teléfono es un ayudante maravilloso y una herramienta para administrar el tiempo. Por ejemplo, en lugar de correr por toda la ciudad para encontrar algo, puedes dejar que «tus dedos hagan el trabajo». Aun así, debes disciplinarte para salvaguardarte de perder tu precioso tiempo levantando el auricular a cada momento. Y aquí tenemos otra disciplina: apunta todo lo que deseas abarcar en la conversación antes de realizar la llamada. Además (casi no hace falta decirlo), corta definitivamente con el uso del teléfono como un instrumento para esparcir chismes maliciosos y ser «entremetidas, hablando lo que no debieran» (1 Timoteo 5:13). Destruir la imagen de los demás jamás forma parte del plan de Dios. En su lugar, usa el teléfono para mejorar la vida de todos. No permitas que el teléfono te domine; al revés, domínalo tú.

6. *¿Fue por absorberte en la lectura del periódico y la propaganda que llega por correo?* ¿Alguna vez has visto a un verdadero adicto al periódico? Son las personas que leen de forma metódica y cuidadosa cada página del diario... incluyendo el obituario. Tienen mucha destreza para doblar el periódico y así crear una superficie muy prolija para leer. Pasan horas enfrascados en sus páginas. Y los adictos a las propagandas que llegan por correo son iguales. Cuando llega la correspondencia dejan

de hacer cualquier cosa para gastar grandes cantidades de su precioso tiempo y de su preciosa energía en cada pedazo de papel que llega por correo. Es verdad, estar al corriente de las noticias tiene cierto valor, y también lo tienen los cupones de descuento y los avisos de los artículos que están en liquidación, pero ten cuidado de que estas cosas secundarias no te roben el tiempo para hacer lo bueno, lo mejor, lo óptimo y lo eterno. Pon estas actividades en su lugar adecuado: al final del día (¡si es que te quedan deseos!), en el momento en que tu nivel de energía esté cerca de la zona cero. (O puedes ponerlos en el cesto de basura). Disciplínate para no dedicarle más tiempo a los periódicos y las propagandas que lo que le dedicas a los asuntos espirituales como la lectura de la Biblia, la memorización de la Escritura y la oración.

7. *¿Fueron las prioridades desajustadas?* Muchas veces el mayor ladrón del tiempo es la mala administración de las prioridades. Ya establecimos que somos mujeres ocupadas. Con solo echar una mirada a tu agenda esta ocupación se hace evidente. Aun así, la ocupación no es indicador de eficiencia. Si estamos ocupadas haciendo lo que no corresponde, esta ocupación nos roba el tiempo que podríamos utilizar mejor en las cosas que importan de verdad: las prioridades que nos ha dado Dios. Por eso es tan importante tomarse un tiempo cada día para realizar estos ejercicios que nos ayudan a redimir y proteger nuestro tiempo.

Ahora bien, mi querida amiga y compañera de viaje, es hora de separarnos y seguir cada una por su camino. Sin embargo, te pido una cosa más mientras continúas administrando tu ajetreada vida para el Señor: sigue la guía de oración que se encuentra al final de este capítulo para poner en práctica el plan de Dios. Pienso (espero... y oro) que al orar, planificar y prepararte para poner en práctica el plan de Dios para los días que te queden de vida, te encontrarás remontando vuelo hacia Dios. Te sorprenderás al elevar las alas como un águila, al correr y no fatigarte, al caminar y no desmayar (Isaías 40:31). Descubrirás el poder de las alas de las águilas que te levantan, te sostienen y te llevan hacia delante para hacer que tu sueño de vivir en el centro de la voluntad de Dios sea una realidad. ¿Y la pasión? La pasión también se elevará... y se elevará... y se elevará... hasta que esta sublime pasión de vivir de acuerdo con el plan de Dios para tu vida se convierta en un ansia devoradora.

¡Ora, preciosa mujer! Repite la oración que se encuentra en la página siguiente. Ora esto cada día. Ora esto a lo largo del día. Ora esto al final del día. Y ora esto todos los días. Luego vive cada día con todo tu poder. Que en cada uno de ellos tengas la bendición de la deliciosa comunión con tu Padre celestial a lo largo del camino.

Oración para vivir de acuerdo con el plan de Dios

1. *Ora por tus prioridades*: «Señor, ¿cuál es tu voluntad para este momento de mi vida?».

2. *Planifica tus prioridades*: «Señor, ¿qué debo hacer hoy para cumplir tu voluntad?».

3. *Prepara un programa basado en tus prioridades*: «Señor, ¿cuándo tengo que hacer lo que debo a fin de darle cabida a estas prioridades en el día de hoy?».

4. *Procede a implementar tus prioridades*: «Señor, gracias por darme tu dirección para este día».

5. *Hazte el propósito de controlar tu progreso*: «Señor, solo tengo un tiempo limitado que me sobra cada día. ¿En qué tareas importantes debo concentrarme durante el resto del día?».

6. *Prepárate para mañana*: «Señor, ¿cómo logro poner mejor en práctica tu plan para mí mañana?».

7. *Alaba a Dios al final del día*: «Señor, gracias por un día valioso, por un día bien invertido, pues te he ofrecido mi vida y este día a ti como un "sacrificio vivo"».

MOMENTOS DE QUIETUD

Ene.	Feb.	Mar.	Abr.	May.	Jun
1	1	1	1	1	1
2	2	2	2	2	2
3	3	3	3	3	3
4	4	4	4	4	4
5	5	5	5	5	5
6	6	6	6	6	6
7	7	7	7	7	7
8	8	8	8	8	8
9	9	9	9	9	9
10	10	10	10	10	10
11	11	11	11	11	11
12	12	12	12	12	12
13	13	13	13	13	13
14	14	14	14	14	14
15	15	15	15	15	15
16	16	16	16	16	16
17	17	17	17	17	17
18	18	18	18	18	18
19	19	19	19	19	19
20	20	20	20	20	20
21	21	21	21	21	21
22	22	22	22	22	22
23	23	23	23	23	23
24	24	24	24	24	24
25	25	25	25	25	25
26	26	26	26	26	26
27	27	27	27	27	27
28	28	28	28	28	28
29		29	29	29	29
30		30	30	30	30
31		31		31	

Jul.	Ago.	Sep.	Oct.	Nov.	Dic.
1	1	1	1	1	1
2	2	2	2	2	2
3	3	3	3	3	3
4	4	4	4	4	4
5	5	5	5	5	5
6	6	6	6	6	6
7	7	7	7	7	7
8	8	8	8	8	8
9	9	9	9	9	9
10	10	10	10	10	10
11	11	11	11	11	11
12	12	12	12	12	12
13	13	13	13	13	13
14	14	14	14	14	14
15	15	15	15	15	15
16	16	16	16	16	16
17	17	17	17	17	17
18	18	18	18	18	18
19	19	19	19	19	19
20	20	20	20	20	20
21	21	21	21	21	21
22	22	22	22	22	22
23	23	23	23	23	23
24	24	24	24	24	24
25	25	25	25	25	25
26	26	26	26	26	26
27	27	27	27	27	27
28	28	28	28	28	28
29	29	29	29	29	29
30	30	30	30	30	30
31	31		31		31

Acerca de la Autora

Elizabeth George es autora de éxitos de librería y oradora. Su pasión es enseñar la Biblia de tal manera que transforme la vida de las mujeres. Para obtener información acerca de los libros de Elizabeth o de su ministerio como oradora, para inscribirte en su lista de correo o para contar cómo Dios ha usado este libro en tu vida, por favor, escríbele a:

Elizabeth George
P.O. Box 2879
Belfair, WA 98528
Línea gratuita de teléfono y fax
[en los Estados Unidos]:
1-800-542-4611
www.elizabethgeorge.com

Notas

Capítulo 1: El desarrollo de una pasión por la Palabra de Dios

1. Curtis Vaughan, *The Old Testament Books of Poetry from 26 Translations* [Los libros poéticos del Antiguo Testamento en 26 versiones], cita *La Biblia de Jerusalén*, Zondervan Bible Publishers, Grand Rapids, 1973, p. 144.

2. D.L. Moody, *Notes from My Bible and Thoughts from My Library* [Notas de mi Biblia y pensamientos de mi biblioteca], ligeramente adaptado, Baker Book House, Grand Rapids, 1979, p. 110.

3. Albert M. Wells, hijo, *Inspiring Quotations—Contemporary & Classical* [Citas inspiradoras, contemporáneas y clásicas], Thomas Nelson Publishers, Nashville, TN, 1988, p. 15.

4. *Ibídem*, p. 13.

Capítulo 2: Diez disciplinas para desarrollar una pasión por la Palabra de Dios

1. Sherwood Eliot Wirt y Karsten Beckstrom, eds., *Topical Encyclopedia of Living Quotations* [Enciclopedia temática de citas de la vida], cita a Gladys Brooks, Bethany House Publishers, Minneapolis, 1982, p. 57.

2. J. Oswald Sanders, *Liderazgo Espiritual*, Editorial Portavoz, Grand Rapids, MI, 1995.

3. Frank S. Mead, *12,000 Religious Quotations* [12.000 citas religiosas], Baker Book House, Grand Rapids, 2000, p. 32.

4. Arnold A. Dallimore, *Susanna Wesley, the Mother of John and Charles Wesley* [Susana Wesley, la madre de Juan y Carlos Wesley], Baker Book House, Grand Rapids, 1994, p.15.

5. Edith Schaeffer, *Common Sense Christian Living* [Sentido común de la vida cristiana], Thomas Nelson Publishers, Nashville, TN, 1983, p. 209.

6. The Tract League, Grand Rapids, MI 49544-1390.

Capítulo 3: El desarrollo de una pasión por la oración

1. Terry W. Glaspey, *Pathway to the Heart of God* [El sendero al corazón de Dios], Harvest House Publishers, Eugene, OR, 1998, p. 24.

2. Donald S. Whitney, *Ten Questions to Diagnose Your Spiritual Health* [Diez preguntas para diagnosticar su salud espiritual], NavPress, Colorado Springs, CO, 2001, pp. 92-93.

3. Elizabeth George, *Una mujer conforme al corazón de Dios*, Editorial Unilit, Miami, FL, 2001, p. 40.

4. Herbert Lockyer, *All the Prayers of the Bible* [Todas las oraciones de la Biblia], Zondervan Publishing House, Grand Rapids, 1984, p. 73.

5. W.L. Doughty, ed., *The Prayers of Susanna Wesley* [Las oraciones de Susana Wesley], Zondervan Publishing House, Grand Rapids, 1984.

6. *Ibídem*, pp. 39, 46.

Capítulo 4: Las normas de Dios para tu cuerpo

1. Frank S. Mead, *12,000 Religious Quotations* [12.000 citas religiosas], Baker Book House, Grand Rapids, 2000, p. 228.

2. Albert M. Wells, hijo, *Inspiring Quotations—Contemporary & Classical* [Citas inspiradoras, contemporáneas y clásicas], cita a Wendell W. Price, Thomas Nelson Publishers, Nashville, TN, 1988, p. 179.

3. *Life Application Bible Commentary-1 &2 Corinthians* [Comentario de la Biblia del Diario Vivir: 1 y 2 Corintios], cita a Gordon Fee, Tyndale House Publishers, Inc., Wheaton, IL, 1999, p. 88.

4. Robert Boyd Munger, *My Heart, Christ's Home* [Mi corazón, el hogar de Cristo], InterVarsity Christian Fellowship, Downers Grove, IL, 1986.

5. Sid Buzzell, ed. gen., *The Leadership Bible* [El liderazgo bíblico], Zondervan Publishing House, Grand Rapids, 1998, p. 1344.

Capítulo 5: Diez disciplinas para la administración de tu cuerpo, Primera parte

1. John MacArthur, *The MacArthur Study Bible* [Biblia de estudio MacArthur], Word Publishing, Nashville, TN, 1997, p. 1981.

2. Curtis Vaughan, *The New Testament from 26 Translations* [Los libros del Nuevo Testamento en 26 versiones], Zondervan Bible Publishers, Grand Rapids, 1967, p. 744.

3. D.L. Moody, *Notes from My Bible and Thoughts from My Library* [Notas de mi Biblia y pensamientos de mi biblioteca], Baker Book House, Grand Rapids, 1979, p. 159.

4. Elizabeth George, *Beautiful in God's Eyes-The Treasures of the Proverbs 31 Woman* [Bella a los ojos de Dios: Los tesoros de la mujer de Proverbios 31], Harvest House Publishers, Eugene, OR, 1998.

Capítulo 6: Diez disciplinas para administrar tu cuerpo, Segunda parte

1. Elisabeth Elliot, *Discipline, the Glad Surrender* [Disciplina, la alegría de la entrega], Fleming H. Revell, Grand Rapids, 1982, pp. 46-47.

2. E.C. McKenzie, *Mac's Giant Book of Quips & Quotes*, Baker Books, Grand Rapids, MI, 1980, p. 165.

3. Peter Drucker, *The Effective Executive* [El ejecutivo eficiente], Harper Business Books, Nueva York, 1996, p. 549.

4. J. Oswald Sanders, *Liderazgo Espiritual*, Editorial Portavoz, Grand Rapids, MI, 1995.

5. John Maxwell, *The 21 Indispensable Qualities of a Leader* [Las 21 cualidades indispensables de un líder], Thomas Nelson Publishers, Nashville, TN, 1999, p. 128.

Una palabra de testimonio

1. Elizabeth George, *Una mujer conforme al corazón de Dios, Beautitul in God's Eyes, El llamado supremo de la mujer*, Harvest House Publishers, Eugene, OR, y Editorial Unilit, Miami, FL.

Capítulo 7: La administración de tu matrimonio

1. D. Edmond Hiebert, *Everyman's Bible Commentary—Titus and Philemon* [Comentario bíblico para toda persona], Moody Press, Chicago, 1957, p. 50.

2. Adaptado de Roy B. Zuck, *The Speaker's Quote Book* [Libro de citas para el orador], Kregel Publications, Grand Rapids, 1997, p. 242.

3. Zuck, *The Speaker's Quote Book*, p. 242.

Capítulo 8: La administración de tus hijos

1. William MacDonald, *Enjoying the Proverbs* [Disfrute los Proverbios], Walterick Publishers, P.O. Box 2216, Kansas City, KS 66110, p. 120.

2. D. Edmond Hiebert, *Everyman's Bible Commentary—Titus and Philemon*, Moody Press, Chicago, 1957, p. 50.

3. *The Honolulu Advertiser*, 27 de enero de 2000.

4. Howard G. Hendricks, «God's Blueprint for Family Living» [Diseño de Dios para la vida familiar], Back to the Bible, Lincoln, NE, 1976, pp. 44-56.

Capítulo 9: La administración de tu hogar

1. Curtis Vaughan, *The Old Testament Books of Poetry from 26 Translations* [Los libros poéticos del Antiguo Testamento en 26 versiones], Zondervan Bible Publishers, Grand Rapids, 1967, p. 1017.

2. Emilie Barnes, *Simply Organized* [Simplemente organizada], Harvest House Publishers, Eugene, OR, 1997.

Capítulo 10: Las normas de Dios para tu dinero

1. Frank S. Mead, *12,000 Religious Quotations* [12.000 citas religiosas], cita a George Chapman, «The Tears of Peace» [Las lágrimas de paz], Baker Book House, Grand Rapids, 1989, p. 87.

2. *Ibídem*, p. 311.

3. Albert M. Wells, hijo, *Inspiring Quotations—Contemporary & Classical* [Citas inspiradoras, contemporáneas y clásicas], cita a Johann Wolfgang von Goethe, Thomas Nelson Publishers, Nashville, TN, 1988, p. 49.

4. Jeremiah Burroughs, *The Rare Jewel of Christian Contentment* [La rara joya del contentamiento cristiano], The Banner of Truth Trust, Carlisle, PA, 2000.

5. Helen H. Lemmel, «Pon tus ojos en Cristo», tr. C.P. Denyer, *Himnario de Alabanza Evangélica*, Editorial Mundo Hispano, El Paso, TX, 1978. Dominio público.

Capítulo 11: Diez disciplinas para la administración de tu dinero

1. Resumido de J. Allan Petersen, *For Men Only* [Solo para hombres], cita de «Changing Times» [Tiempos cambiantes], revista *Kiplinger*, febrero de 1969, Tyndale House Publishers, Wheaton, IL, 1974, pp. 155-57.

2. Curtis Vaughan, *The New Testament from 26 Translations* [Los libros del Nuevo Testamento en 26 versiones], cita *The New Testament in Modern English* [Nuevo Testamento en inglés moderno], Zondervan Bible Publishers, Grand Rapids, 1967, p. 826.

3. Frank S. Mead, *12,000 Religious Quotations* [12.000 citas religiosas], cita a Oliver Wendell Holmes, padre, Baker Book House, Grand Rapids, 2000, p. 310.

Capítulo 12: Las normas de Dios para tus amistades

1. Jim y Elizabeth George, *God's Wisdom for Little Girls* y *God's Wisdom for Little Boys* [Sabiduría de Dios para niñas pequeñas y Sabiduría de Dios para niños pequeños], Eugene, OR, Harvest House Publishers, 2000 y 2002, respectivamente.

2. Frank S. Mead, *12,000 Religious Quotations* [12.000 citas religiosas], Baker Book House, Grand Rapids, 2000, p. 155.

3. *Ibídem*, cita a la campaña de Joseph Addison, p. 154.

4. Kent Hughes, *Disciplines of a Godly Man* [Disciplinas de un hombre piadoso], Crossway Books, Wheaton, IL, 1991, pp. 62-63.

5. Frank S. Mead, *12,000 Religious Quotations* [12.000 citas religiosas], anónimo, Baker Book House, Grand Rapids, 2000, p. 154.

Capítulo 13: Diez disciplinas para administrar tus amistades

1. Curtis Vaughan, *The Old Testament Books of Poetry from 26 Translations* [Los libros poéticos del Antiguo Testamento en 26 traducciones], Zondervan Bible Publishers, Grand Rapids, 1973, pp. 234-35.

2. Frank S. Mead, *12,000 Religious Quotations* [12.000 citas religiosas], Baker Book House, Grand Rapids, 2000, p. 155.

3. Curtis Vaughan, *The New Testament from 26 Translations* [Los libros del Nuevo Testamento en 26 versiones], Zondervan Bible Publishers, Grand Rapids, 1967, p. 771.

4. Mead, *12,000 Religious Quotations*, cita a Hovey, p. 156.

5. Anne Ortlund, *Building a Great Marriage* [Construya un matrimonio fantástico], Fleming H. Revell Company, Old Tappan, NJ, 1984, p. 155.

6. Albert M. Wells, hijo, *Inspiring Quotations—Contemporary & Classical* [Citas inspiradoras, contemporáneas y clásicas], Thomas Nelson Publishers, Nashville, TN, 1988, p. 176.

7. Roy B. Zuck, *The Speaker's Quote Book* [Libro de citas para el orador], Kregel Publications, Grand Rapids, 1997, p. 159.

Capítulo 14: Las normas de Dios para tu mente

1. D.L. Moody, *Notes from My Bible and Thoughts from My Library* [Notas de mi Biblia y pensamientos de mi biblioteca], cita a McKenzie Baker Book House, Grand Rapids, 1979, pp. 318-19.

2. Warren W. Wiersbe, *Gozosos en Cristo*, Editorial Bautista Independiente, Sebring, FL, 1991, p. 116 (del original en inglés).

3. Roy B. Zuck, *The Speaker's Quote Book* [Libro de citas para el orador], Kregel Publications, Grand Rapids, 1997, p. 383.

Capítulo 15: Diez disciplinas para administrar tu mente

1. Sherwood Eliot Wirt y Kersten Beckstrom, eds., *Topical Encyclopedia of Living Quotations* [Enciclopedia temática de citas de la vida], cita a Charles F. Kettering, Bethany House Publishers, Minneapolis, 1982, p. 83.

2. J. Oswald Sanders, *Liderazgo Espiritual*, Editorial Portavoz, Grand Rapids, MI, 1995.

3. Moody Correspondence School, 820 North LaSalle Street, Chicago, IL 60610, 1-800-621-7105.

Capítulo 16: Las normas de Dios para tu ministerio

1. Mark Porter, *The Time of Your Life* [El tiempo de tu vida], cita a Bill Gothard y el Institute of Basic Youth Conflicts, Victor Books, Wheaton, IL, 1983, pp. 70-71.

Notas Personales

Notas Personales

Notas Personales

Notas Personales

Notas Personales

Notas Personales